全景思维

思考与呈现的基本法则

贾萌 著

中国商业出版社

图书在版编目（CIP）数据

全景思维：思考与呈现的基本法则 / 贾萌著. --
北京：中国商业出版社，2023.12
ISBN 978-7-5208-2763-8

Ⅰ.①全… Ⅱ.①贾… Ⅲ.①思维方法 Ⅳ.①B80

中国国家版本馆CIP数据核字(2023)第235990号

责任编辑：杜 辉

（策划编辑：刘万庆）

中国商业出版社出版发行
（www.zgsycb.com 100053 北京广安门内报国寺1号）
总编室：010-63180647 编辑室：010-83118925
发行部：010-83120835/8286
新华书店经销
香河县宏润印刷有限公司印刷
*
710毫米×1000毫米 16开 13.75印张 160千字
2023年12月第1版 2023年12月第1次印刷
定价：68.00元
****
（如有印装质量问题可更换）

前　言

从结构到全景

参加工作两年后，大概在2003年，我第一次看到《金字塔原理》这本书时，就有一种亲切感和惊喜，并且萌发了今后要写一本"中国版金字塔原理"的念头，因为它解答了困扰我多年的一个问题：究竟是什么原因能让学生的学习成绩脱颖而出？这本书告诉了我答案，那就是：学习能力比学习本身更重要，思维方式比获取知识更重要。对于在工作中经常陷入思考、表达、解决问题等逻辑困境的职场人士来说，也是如此，金字塔原理可以帮助我们想得更清楚、说得更明白，在思考、表达和解决问题时更有条理性和逻辑性。

在此后的20年间，无论是作为管理咨询顾问、管理培训师，还是在甲方企业任职，我始终都在努力践行金字塔原理，不断探索其更为普适性的应用原则。

慢慢地，我发现这种结构化的思维方式，其实也正是一种全景化的思维方式，就如同一个事物的两个方面——从宏观到微观、从结论到论据的逐层拆解，这就是结构化的过程；而在结构化拆解之前，首先构建出一个完整的全景框架，或者，在拆解完成之后，再从全局视角系统地去看待事物、思考问题，这就是全景化的过程。于是，从结构到全景，或者从全

全景思维——思考与呈现的基本法则

景到结构，彼此共生共长，就成为了职场人士思考、表达和解决问题最基础、最通用的一种逻辑与思维方式。

在这种观点的驱动下，我决定写作本书，并命名为《全景思维——思考与呈现的基本法则》，尝试在总结前人理论和经验的基础上，增加自己的观点和心得体会，系统地阐述全景思维及其在思考和呈现这两大关键场景中的应用原则。

既然主题定位于"全景思维"，你也可以把本书看作是全景思维的一个实际应用案例——从书名、目录、前言、全书全景图、每章全景图、每章前言、每节具体内容、每节内容要点总结、后记等各个部分全面践行了全景思维。关于这一点，可能需要等你阅读完全书之后才能有更深的理解和体会。

那么，本书的逻辑和主要内容是什么呢？下图是本书全景图，勾勒了各个章节之间的基本逻辑关系。

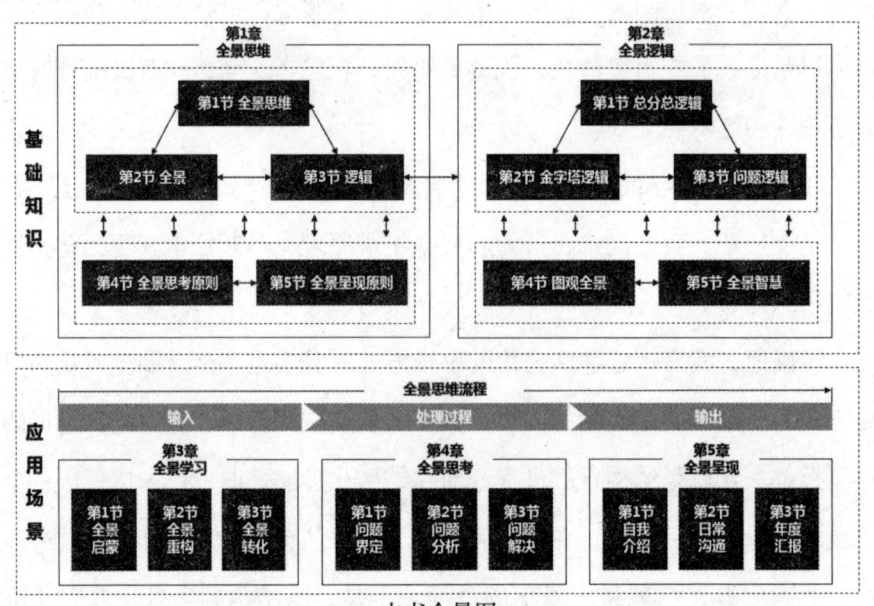

本书全景图

本书包括五章内容。前两章奠定了理论基础，后三章探讨了全景思维在关键场景中的具体应用，分别侧重于全景思维流程的"输入""处理过程"和"输出"三个关键环节。

第1章全面解析了全景思维的基础知识，介绍了五个核心概念：全景思维、全景、逻辑、全景思考原则与全景呈现原则，及其之间的逻辑关系；第2章探讨了全景思维最主要的基础逻辑：总分总逻辑、金字塔逻辑和问题逻辑，以及如何用图示来构建和呈现全景，还探讨了逻辑应用智慧的基本操作原则。

第3章侧重于全景思维流程的输入端，探讨了全景思维在学生时代和职场时代的典型学习场景中的应用；第4章侧重于全景思维流程的处理过程，探讨了全景思维在思考问题、分析和解决问题场景中的应用；第5章侧重于全景思维流程的输出端，探讨了全景思维在表达和呈现场景中的应用。

本书适合各行各业的职场人士。书中介绍的基础知识，精心选取的工作场景、案例、操作原则和方法，都力求具有广泛的普适性，力求不分行业、不分专业，对职场人士都能有一些启发。但是，如果你是一位研究思维、逻辑的高手，可能会觉得内容有些浅显，因为本书的目的之一就是旨在用简单的逻辑和简洁的全景进行思考和呈现，为普通的职场人士提供一些易于操作的方法；如果你是一位资深的管理者或者某个领域的专家，可能会觉得案例的内容不够深入，因为这些案例都经过了简化处理，关注的是思考方式而非内容本身。

读者如何阅读本书呢？首先，建议你先阅读前言、浏览本书全景图和目录，在了解章节之间的基本逻辑框架之后，再阅读每章全景图和每章前言，进而再阅读每节的具体内容。其次，由于本书各章节之间具有一定的链接关系和循序渐进的考虑，所以建议尽量按章节顺序阅读。

读完本书会有哪些收获呢？本书力求在理论与实践之间获得平衡，更加侧重于全景思维的实用性，提供了许多操作原则和操作方法。希望本书能够帮助你建立起全景思维的基本知识框架，并全面提升你的全景学习力、全景思考力和全景呈现力，从而实现全景思维的"价值三力"，如下图所示。

全景思维"价值三力"

最后，非常感谢提供案例和建议的企业与朋友，以及华夏智库的总编和编辑。没有你们的帮助，我不会完成得如此顺利。祝愿所有读者在阅读过程中，能够感受到全景思维的魅力及其实用性。它不仅是一种工具，也是一种洞察世界的胸怀和感悟人生的态度。杨绛说：心若小，任何事都是大事；心若大，任何事都是小事。愿所有朋友心怀全景，视野无疆，那么境随心变，这个充满了焦虑、纷繁多维的世界也将变得美丽而安宁。

目　录

第1章
全景思维：用全景视角洞察多维世界

第 1 节　全景思维：通盘考虑的艺术 / 3

第 2 节　全景：俯瞰全局的视角 / 13

第 3 节　逻辑：构建全景的法宝 / 24

第 4 节　全景思考原则：思考问题的基本法则 / 31

第 5 节　全景呈现原则：表达呈现的基本法则 / 41

第2章
全景逻辑：用全景智慧释放逻辑灵感

第 1 节　总分总逻辑：无限包容的全景框架 / 55

第 2 节　金字塔逻辑：化繁为简的逻辑典范 / 62

第 3 节　问题逻辑：探究问题本质的手段 / 73

第 4 节　图观全景：用全景图说话的逻辑 / 83

第 5 节　全景智慧：释放逻辑灵性与灵感 / 90

全景思维——思考与呈现的基本法则

第3章
全景学习：用全景思维重构全景认知

第1节　全景启蒙：唤醒学生时代的全景认知 / 107

第2节　全景重构：迭代职场时代的全景认知 / 121

第3节　全景转化：撬动组织成员的全景认知 / 129

第4章
全景思考：用全景思维看透问题本质

第1节　问题界定：从信息全景到问题全景 / 139

第2节　问题分析：简单方法创造不简单的全景 / 150

第3节　问题解决：精雕细琢千锤百炼出全景 / 159

第5章
全景呈现：用全景思维成就表达艺术

第1节　自我介绍：展示个人全景的黄金60秒 / 173

第2节　日常沟通：简单的逻辑与简洁的全景 / 185

第3节　年度汇报：高质量全景的关键时刻 / 197

后记：从全景回归本质 / 211

第1章　全景思维：
用全景视角洞察多维世界

你的视野越广，你的选择越多。

——杰夫·贝索斯

全景思维——思考与呈现的基本法则

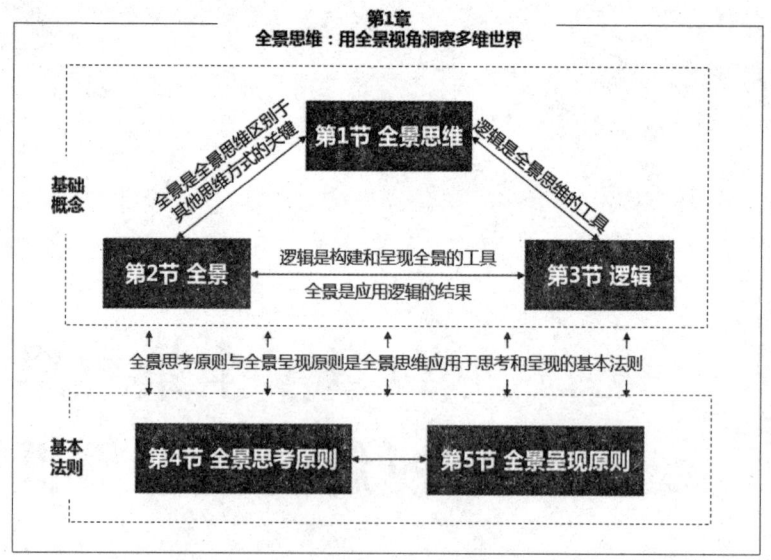

图1-1　第1章全景图

在复杂多变的环境中，我们常常面临许多棘手的挑战和问题。然而，解决问题的难点往往并非只在于问题本身，更大的困扰经常来源于我们思考问题的思维方式。我们在理解、思考、分析和解决问题，以及表达和呈现的过程中，时常会陷入逻辑困境。而全景思维是解决这一系列痛点的有效工具之一，它通过一整套逻辑规则和基本操作原则的指导，能够帮助我们用更广阔的全景视角更全面深入地思考问题、更准确地表达问题，以及更有效地解决问题。

本章全面解析了全景思维的基础知识，由五节内容构成，介绍了五个核心概念：全景思维、全景、逻辑、全景思考原则与全景呈现原则，及其之间的逻辑关系："全景思维"是本书的主题、中心思想和根本指向，"全景"是区别于其他思维方式的核心关键，"逻辑"是构建和呈现全景的工具，"全景思考原则"和"全景呈现原则"是全景思维应用于思考和呈现这两大关键场景的基本法则。

2

第1节　全景思维：通盘考虑的艺术

一个人只有在有全面的视野和深入的洞察之后，才能作出正确的判断和决策。

——沃伦·巴菲特

什么是全景思维？

很多人都玩过拼图游戏，我们并非等到完成最后一块拼图时，才能领略其全貌，而是在一开始就已预知拼图的全景，再把一块块小组件进行不断地尝试，慢慢地发现规律，并按照这个规律继续完成后面的拼图任务。这就是全景思维在拼图游戏中的应用。

我们这里所说的全景思维，并非深不可测的、晦涩难懂的理论，也不是通过独特的发明创造、从无到有的思维方式，而是对已有理论和经验的总结、提炼和延展。

如果为它下个定义，可以说，全景思维是一种追求更高视角和更广视野的、看全局、看本质、看动态发展的思维模式和思维习惯，是一种通盘考虑的艺术和智慧，旨在通过对全景的全方位把握，来增强我们思考问题、解决问题、表达和呈现的能力。

具体而言，全景思维是追求更高层次、更宏观、更抽象和更能看透事物本质的思维方式，它致力于全面、动态地洞察事物、信息等各要素的全貌，强调思维的高度概括和全面性，从而有助于更高效地思考问题和表达呈现。全景思维秉持特定的逻辑规则和基本操作原则，并借助人类内在的逻辑能力来分析、构建和呈现全景。在这种思维模式下，我们内部的思维过程将通过分析、构建、表达和呈现全景的方式，更高效地理解、阐述和解决问题。

为了保证我们的思考和呈现都具备全景思维，全景思维坚持遵循两大基本法则：全景思考原则和全景呈现原则。这两大原则是全景思维的应用基石，旨在引导我们在思考问题和表达呈现时能够实现宏观和微观的平衡，保持深度与广度的并重，从而达成全面深入的思考和精准有效的表达呈现。

全景思考原则，主张我们在思考问题时，以能够构建出全景的方式来处理信息和思考问题。这就意味着，我们要以更广阔的全景视角去看待问题，把各个独立的信息片段融合在一起，构建出一个完整的全景。在思考的过程中，这一原则引导我们从宏观角度去理解问题，整合各种信息，以达到全面理解的目的。我们将在本章第 4 节及第 4 章对此原则进行深入探讨。

全景呈现原则，主张我们在进行沟通交流时，以全景本身或受众易于理解并重组形成全景的方式来表达信息。这就意味着，在表达和呈现时，我们应力求清晰、完整地展示信息的全貌，而不仅仅是传达部分信息或具体的细节信息。我们将在本章第 5 节及第 5 章对此原则进行深入探讨。

下面先看一些案例，初步了解一下什么是全景思维。

案例 1-1-1：诸葛亮独观大略

据《魏略》记载，诸葛亮与徐庶、石广元、孟公威等人一起游学，但读书方法不同。"三人务于精熟，而亮独观其大略"。他们"卑躬早起，常独扫除，动静先意，听习经业"，目的为求得"义理精熟"。而诸葛亮却是按正常作息，"每晨夜从容，常抱膝长啸"，读书"观其大略"，即略读大概，撷取精华，掌握本质。文中还提到：诸葛亮说"卿三人仕进，可至刺史郡守也"，即三人将来能做到州、郡一级的官职。当三人问他能做到什么职位时，他却笑而不言。后来诸葛亮官至蜀汉丞相，建立了丰功伟业。

诸葛亮的"观其大略"就是全景式读书法，它不是潦草应付、走马观花，而是懂得观全景、抓重点、求精髓、得要领。掌握和应用这种方法，必须具有高屋建瓴的思维模式和直击本质的洞察力，不能纠缠于细枝末节，或者被局部迷惑。

不仅读书学习要注重全景，现代企业家和管理者在思考战略性问题时，也应如此。

案例 1-1-2：企业家手绘业务规划全景图

在某次企业家论坛上，当企业家被要求用手工绘图的方式呈现自己企业的业务规划全景图时，他们逐渐进入了一种"神奇的"思考状态，开始展现各自独特的战略思想和商业眼光。通过各种图形和符号，企业家们将复杂的业务模式、市场关系等各种逻辑要素色彩缤纷地呈现在纸面上。有些企业家的全景图充满了想象力和创造力，他们将业务领域中的各种核心

全景思维——思考与呈现的基本法则

元素融合在一起，创造出了独特的商业生态。而另一些企业家的全景图则更加注重细节和实用性，他们将业务领域中的各种组成部分呈现得更加清晰和直观。

这些全景图代表了企业家对企业的宏观理解和全局把控，是他们全景思考和系统规划的产物。通过绘制全景图，企业家对自己要重点解决的核心命题和关键问题一目了然，可以更好地发现商业机会和挑战，并制定出更具前瞻性和战略性的企业规划。

案例 1-1-3：IBM 的 BLM 模型

IBM 公司著名的 BLM 模型（Business Leadership Model，业务领先模型或业务领导力模型）用全景图的形式展示了价值观、领导力、战略、执行四个核心要素共同作用于市场结果的逻辑关系，如图 1-2 所示。其中，战略要着重考虑市场洞察、战略意图、业务设计和创新焦点四个子要素，执行要着重考虑氛围与文化、关键任务及其相互依赖关系、正式组织和人才四个子要素。

根据 BLM 模型，企业管理者可以系统性地、全方位地、全景式地进行战略思考，例如：如何对市场结果进行全面的差距分析，包括业绩差距分析、机会差距分析、标杆差距分析等？如何以差距分析的结果为输入，构建与改进公司价值观、领导力、战略规划与执行体系？如何开展战略解码，在公司上上下下实现统一的思想、统一的语言和统一的行动？……

企业管理者也可以在充分领会该模型精髓的基础上进行创新，开发出适合本企业的战略思考模型。华为在这方面就是杰出的表率，在引入该模型后进行了深度应用与模型再造。

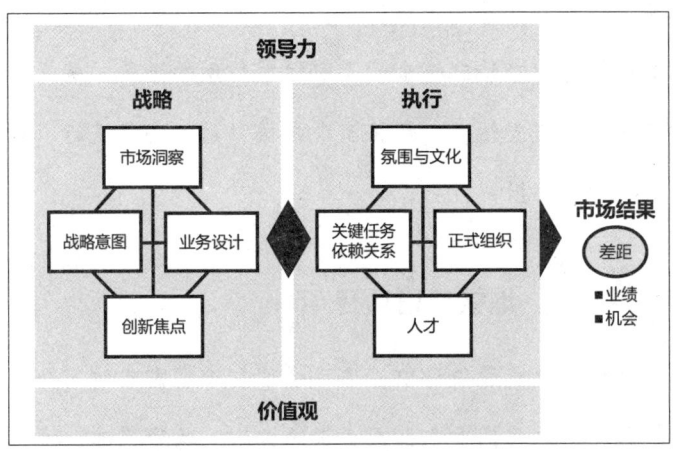

图1-2 BLM模型

在企业界和学术界，有非常多的、各种各样的模型。查理·芒格给"模型"下过这样的定义："任何能帮助你更好地理解现实世界的人造框架都是模型。"他还认为："一个人只要掌握80到90个思维模型，就能够解决90%的问题。"这些思维模型，其实就是指导我们思考问题、分析和解决问题的全景框架，能够使我们避免陷入盲人摸象般的碎片化探索，它们不能决定我们一定成功，但是可以帮助减少失败的概率。

除了战略性思考、构建或应用模型之外，在日常执行具体任务或者项目管理的过程中，全景思维同样也具有广泛的应用，例如案例1-1-4和案例1-1-5。

案例1-1-4：地震救援行动

在一次地震灾害中，应急管理部门负责人老陈需要运用全景思维来综合考虑各种因素。这些因素包括现场情况、救援人员分配、物资供应、应急响应、舆情管理等。在救援过程中，老陈不仅要迅速评估受灾地区的损失和灾民需求，还需要与其他救援队伍、志愿者、政府部门等相关方协调合作。通过全景思维，他能够全面了解救援行动的进展，确保资源合理调配，及时应对各种突发情况，最终实现救援行动的高效进行，最大限度地减少地震灾害带来的损失。

案例1-1-5：地铁建设项目

在某城市的地铁建设项目中，项目经理赵经理需要运用全景思维来综合考虑各种因素。这些因素包括人力资源分配、物资采购、资金管理、技术创新、安全措施等，以及各种潜在的风险和挑战。在项目进程中，赵经理不仅要确保按时按质完成地铁线路的建设，还需要密切关注与政府、供应商、承包商等相关方的协调合作。通过全景思维，赵经理能够全面评估项目进展，确保项目按计划进行，及时应对各种突发情况，最终实现地铁建设项目的圆满完成。

在日常工作沟通、汇报和商务公众演讲中，也经常会看到全景思维适用的场景。

案例1-1-6：季度工作汇报

在一次季度工作汇报会议上，产品经理小李用15分钟的时间，向公司领导汇报了他所负责的智能家居产品线的发展情况。在汇报中，小李运用了金字塔逻辑来体现全景思维：首先，他以一段简洁明了的陈述，概括了智能家居产品线的当前工作成果、未来战略方向和目标；其次，他依次呈现了财务数据、市场趋势、竞争情况和产品计划等关键的细节信息,以支持上述结论;最后,他总结了要实现目标所必需具备的关键成功要素,以及希望公司提供的支持。通过这种逻辑,公司领导高效、迅速地理解了智能家居产品线的整体情况和未来规划,抓住了汇报重点,很快便作出了相关决策。

用金字塔逻辑来组织汇报信息,能够使受众非常容易地从其结构化的内容中理解并还原出信息的全景,从而高效、迅速地理解观点、抓住重点。

上面是几个恰当应用了全景思维的案例。但在生活和工作中,还有很多不善于使用全景思维的人,他们难以看到信息的全景,难以抽象出事物的本质,无法站在更高层次的全景层面进行思考,就像案例1-1-7中的王经理一样。

案例1-1-7:处理客户投诉交付时间过长的问题

某公司近期收到了一些客户关于交付时间过长的投诉。公司指定王经理负责处理。王经理和这些投诉客户进行了沟通,认为问题出在当前合作的运输公司身上,于是对运输公司提出了更加严格的时限要求。而运输公司却认为王经理得出这个结论只是因为听信了客户的一面之词,未免过于草率。双方为此僵持不下。

公司领导了解情况之后,也认为王经理的处理方式过于片面,可能没有找到产生问题的所有关键因素,为了避免和运输公司之间的矛盾更加激化,于是指定李经理接手,继续处理此事。

李经理是个经验丰富的管理者。他决定采用PDCA模型来处理这个问题，同时也让运输公司参与到这个计划中来，共同探讨解决问题的方案。

（P）首先，李经理对客户、运输公司、仓库等相关方都进行了充分的调研。经过与相关专家的讨论和征求意见，他们初步判断：运输公司和仓库两方面都可能存在问题。为了验证这个结论，李经理预设了交付时间减少1天或2天的目标，并拟订了初步的改进计划。

（Do）按照该计划，李经理与运输公司进行了沟通，提出了具体的改进要求，并帮助运输公司负责人解决了一些执行方面的细节问题。他还和仓库管理人员一起改进了仓库流程。接着，运输公司和仓库按照改进方案进行了相应的整改。

（Check）在运输公司和仓库都实施整改后，李经理对改进结果进行了检查，包括交付时间是否达到预设目标、客户是否满意等，并和运输公司、仓库管理人员一起进行了分析和总结。

（Action）根据检查结果，李经理将可行、有效的改进措施固定下来，有的添加到运输公司的合同里，有的添加到仓库的工作流程和操作规范里，同时，将不完善或不可行的措施进行了调整或删除。

最后，李经理用PDCA循环的思路又开展了一轮工作，不仅彻底解决了客户投诉的问题，还帮助运输公司和仓库改进了管理。

在案例1-1-7中，李经理将全景思维与PDCA循环结合应用，有效地解决了问题。而王经理则由于缺乏全景思维，没有进行全面、深入的调研和分析，导致问题处理得比较片面、不彻底，也很难服众。

有时候，由于全景思维的缺失，会带来非常严重的后果，例如案例1-1-8。

案例 1-1-8：战略失误

2010年左右，曾经的手机巨头诺基亚公司在智能手机市场竞争中逐渐失去了优势。当时的领导层在制定公司战略时，由于没有很好地运用全景思维，过于关注诺基亚在功能手机市场的成功，而忽视了智能手机市场的迅速崛起和竞争对手等更为广泛、影响深远的因素，没有全面地、本质地、动态地进行战略分析，导致诺基亚在智能手机市场上最终被苹果和安卓系统厂商逐步超越。

虽然战略性的失误并不能完全归咎于全景思维的缺失，它和宏观经济发展趋势、商业环境、商业模式、经营意识、战略思维等更加密不可分，但是，如果具有概览全局、看透本质、看穿趋势的全景思维，会在一定程度上减少失败的风险，同时增加成功的概率。

从上面这些案例可以看出，全景思维拥有极其广泛的应用场景，例如全景式的读书学习、系统性的战略思考、具体的任务执行、项目管理、日常沟通汇报与公众演讲、问题分析与解决等。我们将在后面的章节中，逐渐揭开全景思维的面纱，一起探讨全景思维的基础知识和关键场景中的具体应用。

本节内容要点

1. 全景思维不是深不可测、晦涩难懂的理论，也不是从无到有的思维方式，而是对已有理论和经验的总结、提炼和延展。

2. 全景思维是一种追求更高视角和更广视野的、看全局、看本质、看动态发展的思维模式和思维习惯，是一种通盘考虑的艺术和智慧。

3.全景思维追求更高层次、更宏观、更抽象和更能看透事物本质，致力于全面、动态地洞察全貌，强调思维的高度概括和全面性。

4.全景思维秉持特定的逻辑规则和基本操作原则，并借助人类内在的逻辑能力来分析、构建和呈现全景。

5.全景思维坚持遵循两大基本法则：全景思考原则和全景呈现原则。它们是全景思维的应用基石。

6."观其大略"的全景式读书法，要懂得观全景、抓重点、求精髓、得要领，必须具有高屋建瓴的思维模式和直击本质的洞察力。

7.IBM的BLM模型用全景图的形式展示了价值观、领导力、战略、执行四个核心要素共同作用于市场结果的逻辑关系，可以帮助管理者进行全景式战略思考。

8.思维模型是指导我们思考问题、分析和解决问题的全景框架，能够使我们避免陷入盲人摸象般的碎片化探索，减少失败的概率。

9.如果具有概览全局、看透本质、看穿趋势的全景思维，会在一定程度上减少失败的风险，增加成功的概率。

10.全景思维拥有广泛的应用场景，例如全景式的读书学习、系统性的战略思考、具体的任务执行、项目管理、日常沟通汇报与公众演讲、问题分析与解决等。

第2节　全景：俯瞰全局的视角

不谋万世者，不足以谋一时；不谋全局者，不足以谋一域。

——陈澹然

在全景思维中，"全景"这个词指的是什么呢？

我的回答是：全景（相近含义的英文是 Whole Picture），是围绕某一主题、以结构化方式构建的信息、内容等各种要素的集合，是结构化思考与全景化思考有机结合产出的思考成果，是用俯瞰全局、一览无遗的视角思考和呈现事物的结果。它可能是语言文字，可能是存在于纸张、PPT 等载体的有形实体图，可能是存在于脑海的无形虚拟图，也可能是除了语言文字、图示之外的其他形式。需要注意的是，图示是全景的一种重要呈现形式，但并不是唯一形式，因此，为了避免大家错把全景思维与全景图画上等号，我把这种思维叫作全景思维，而非全景图思维。

这个回答有些抽象，我们还是用案例来说话吧。

案例 1-2-1：波士顿爆炸案的信息墙

2013 年波士顿马拉松爆炸案发生后，专案组在调研过程中，利用一个大型墙面来组织和呈现各种信息，被称为"指挥中心墙"，包括现场照片、视频截图、嫌疑人身份信息、爆炸物原料来源等，从而浓缩出案件的信息全景。通过信息墙，专案组可以更直观地了解案情，进行交叉分析，从而更有针对性地开展工作。最终，他们成功锁定了嫌疑人，并将其绳之以法。

案例1-2-2：火星殖民计划

作为一位知名的企业家和创新者，伊隆·马斯克在筹划SpaceX火星殖民计划时，经常在纸上或白板墙上手绘全景图。每张全景图都是围绕某一主题来组织信息，包括火箭技术、航天器设计、航行路线、生存基础设施等方面的内容，从而帮助自己和团队更好地思考、表达和解决问题。这种全景思维使他们能够以更全面、更系统的方式来规划火星殖民计划，从而提高项目的可行性和成功率。

案例1-2-3：书籍的内容全景

成功的书籍会通过书名、前言和目录来向读者快速呈现全书的内容全景。比如《史蒂夫·乔布斯传》《非暴力沟通》等，书名、前言和目录，共同构成了它们各自的内容全景——书名是对总主题的最高提炼，前言是对总主题的高度概括，目录则展示了全景中各部分内容之间的逻辑关系。通过书名、前言和目录，这些书籍成功地传达了它们的核心主题和逻辑结构，为读者提供了清晰、全面的内容全景，成功引发了读者的阅读欲和购买欲。

著名畅销书《高效能人士的七个习惯》不仅通过语言文字——书名、前言和目录，而且还运用全景图的方式来呈现全景，展示出了七个习惯与个

人成功 / 公众成功、依赖期 / 独立期 / 互赖期之间的全景架构与逻辑关系。

在案例 1-2-1 中，主题是"谁是波士顿爆炸案的嫌疑犯"，信息墙则是在探究主题过程中所应用的结构化、全景化工具；案例 1-2-2 中，主题是"火星殖民计划"，手绘全景图则是围绕这一主题的工具；案例 1-2-3 中，主题是各自的书名，前言、目录和全景图则是构建和呈现全景的工具。

可见，全景，一定是要围绕某一主题而构建，并且通过某种载体或形式展现出来的。如果脱离了主题，那么便不是真正的全景，而是大杂烩式的信息堆砌，是"伪全景"。

主题是包罗万象的，相应地，全景也是多种多样的，具有很多类型，比较常见的例如数列全景、空间全景、流程全景、序言全景、故事全景、主题全景、问题全景等。它们彼此之间并非完全独立，在实际应用时可能会有交叉重叠。下面我们结合案例，来看看这些常见类型的全景。

1. 数列全景。

数列全景是最常见、最简单的一种全景。我们通常会把数列，例如一、二、三，视为一个整体。当数列开始后，我们就会感觉自己进入了顺序结构之中，并按照这样的结构去接收信息，以便最终形成脑中的全景。因此，我们在谈话或者写作的过程中，往往喜欢用数列来组织内容。

案例 1-2-4：用语言文字构建和呈现数列全景

在《世界是平的》一书中，详细介绍了全球化过程中的十个驱动力，并以数列的形式呈现。在《只放一只羊——零售大王阿尔迪战胜沃尔玛的

11大秘密》一书中,也用数列的形式展现了阿尔迪的成功秘诀。

2.空间全景。

空间全景与数列全景一样都很好理解,就是用平面的或者立体化的空间来构建和呈现全景。地图就是最常见的空间全景,而一幅精巧构思的图画、一个布局合理的货品展示柜、一张按照区域绘制的组织架构图、一篇按照空间顺序写作的文章或者工作报告等,都可以视为一种空间全景。

案例1-2-5:用组织架构图构建和呈现空间全景

某公司是一家门店遍布全国的连锁经营集团,长期以来坚持"以客户为中心""以一线为导向"的文化理念。公司管理者认为,区域和门店是总部的客户,总部是为区域和门店提供支持和服务的赋能型机构,而不仅是管控机构,因此,他们在绘制集团的组织架构图时,不是把总部画在最上面、门店画在最下面,而是把门店画在最上面、中间是区域、总部在最下面,如图1-3所示。这样的组织架构图,既体现了最基本的空间全景,也蕴含了"以客户为中心""以一线为导向"的文化理念和价值观。

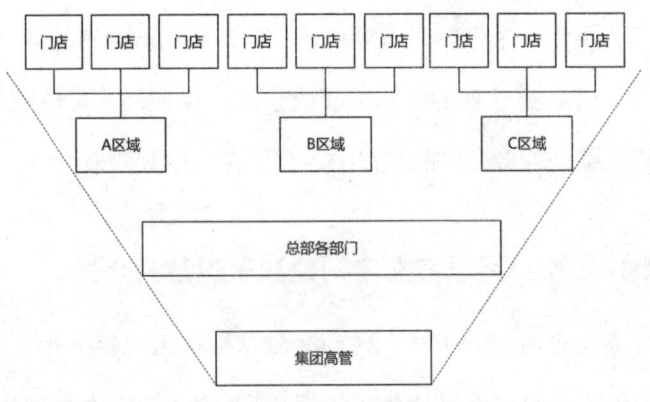

图1-3 某连锁经营集团的组织架构

3.流程全景。

与波士顿爆炸案的信息墙类似,我们在帮助企业做流程梳理的时候,也经常会采用类似方式——将关键的流程步骤撰写在五颜六色的便笺纸上,分门别类地粘贴在引导墙或者大白纸合适的位置,再进行相关的分析和决策。而流程梳理的最终成果——流程图,则是流程全景的常见形式,它清晰地呈现了各个流程环节及其相互之间的逻辑关系,帮助使用者一目了然地建立起流程全景。

案例1-2-6:用流程图构建和呈现流程全景

某制药公司要将PDCA这种通用的持续改进流程用于持续改进质量管理体系。公司首先制订了Word和Excel版的质量管理改进计划,明确了详细的操作步骤和预期结果。然后,又根据这份改进计划,绘制了相配套的流程图,为所有参与改进的员工提供了一份清晰展示各项流程步骤和关键控制点的全景图,使得每位员工都能理解整个计划的全景,以及每个步骤和每个关键控制点在计划中的逻辑关系和相对位置。

4.序言全景。

序言也就是前言,是在正文之前对核心观点和关键信息的全景式陈述。序言在不同的场景下有不同的逻辑结构和呈现方法。《金字塔原理》提出的SCQA结构,就是在工作报告的场景下推荐的一种序言全景。SCQA分别代表着:Situation,情境、背景、已经存在的事实或状况是什么;Conflict,出现了哪些矛盾冲突;Question,在这样的背景和矛盾冲突下,提出了什么问题;Answer,针对这个问题的回答、答案或方案是什么。

全景思维——思考与呈现的基本法则

案例 1-2-7：用 SCQA 构建和呈现序言全景

（S）过去三年，我们部门的业绩每年都增长了 10%，但是员工编制一直是 8 人。随着业务量的增加，员工必须长期超时工作，严重影响了身体健康和员工满意度。

（C）目前已有 3 名员工提出了离职申请。如果批准，这将导致我们无法完成本季度的部门工作目标。其余 5 名员工也会持观望态度，人心不稳。

（Q）采取什么措施来应对目前的情况？

（A）我们向公司申请一笔奖金，用来激励 8 名员工，尽量挽留这 3 名员工。同时，申请增加 2 名招聘名额。下面是我们的具体分析和详细工作计划。

5. 故事全景。

故事全景是一种内容全景。我们小时候学写记叙文，常常讲到记叙文的六要素：时间、地点、人物、起因、经过、结果。如果把这六要素写清楚了，虽然可能还远远达不到写作高手的水平，但起码算是一篇合格的记叙文了，而记叙文的核心就是讲故事。

进入职场以后，很少有人会再提起记叙文六要素了，但是有一个人力资源从业者都很熟悉的工具——STAR 模型，就是通过描述 S、T、A、R 这四大要素的具体内容，来构建一个完整的故事全景。STAR 分别代表着：Situation，当时的情境、背景是什么；Target 或 Task，目标或任务是什么；Action，采取了哪些具体的行动；Result，最后的结果是什么。STAR 模型通常用于外部招聘面试、内部晋升竞聘等场景。有经验的面试官会通过候

18

选人对 STAR 的描述，来推测、判断候选人的能力和潜力。案例 1-2-8 是一位面试官根据候选人的回答，整理出来的一个 STAR 故事全景。

案例 1-2-8：用 STAR 构建和呈现故事全景

（S）有一次，财务部有五名员工集体实名写信要求财务经理辞职，信中检举他处理问题不公平、不公正。这事儿闹得挺大的，所有员工都在看着公司到底会如何处理。

（T）公司让我去处理这个棘手的问题，希望我能在三天时间内拿出比较圆满的解决方案。

（A）首先，我和写信的员工分别进行了一对一的沟通，向他们讲清楚相关的法律法规和公司的管理制度，并希望他们配合公司将这件事处理好。通过和他们的详细沟通，我了解到财务经理在以下方面可能存在问题……接着，我又找财务经理本人和财务经理的上级进行沟通，了解到……后来，我又查找了相关的证据……综合所有信息之后，我向公司提出了下面的建议……

（R）公司领导经过讨论，采纳了我的建议。最后这件事是这样解决的……

6. 主题全景。

为什么一本书会在前言中简要介绍各章节的主题和内容？因为作者要用这种方式勾勒出全书的主题全景，以引导读者按照主题全景中的逻辑来接收和理解书中的信息。

那么，既然有了前言作为主题全景，为什么还要有目录呢？因为目录是比前言更详细、更具体的主题全景。如果根据前言和目录分别作出一张全景图的话，那么，根据目录做出的全景图，其内容的丰富性、逻辑关系的复杂性，往往要大于根据前言做出的全景图。

同样，我们在职场中经常要撰写工作报告，在正文之前，也可以通过一段简明扼要的前言和一个逻辑清晰的目录来为读者构建出主题全景和内容全景，使读者能够快速概览报告的核心主题。

案例1-2-9：用目录构建和呈现主题全景

某公司计划于近期组织召开一次为期两天的核心人才画像工作坊。人力资源部的马经理正在草拟工作坊的议程安排。他认为，议程安排也是一种目录，于是就用常规的目录方式做了一个版本，包括工作坊的目的、产出、流程、核心工具、工作坊之后的工作计划等。

做完之后，马经理觉得每次会议或工作坊的议程基本上都是这些词汇，虽然没有错，但是非常空洞，味同嚼蜡，没有新意和亮点，也体现不出工作坊的主旨和精髓。思考之后，他决定在目录上体现出关键词或核心观点，从而勾勒出主题全景。例如：

1. 工作坊的目的：聚焦人才画像、共创成长路径

2. 工作坊的产出：4幅画像、4个项目

3. 工作坊的方法：两个概念界定、3个流程步骤

3.1 概念界定

3.2 流程步骤

......

马经理知道，这种目录是对方法论的高度提炼，仅靠自己的力量是不

够的，必须和负责人才发展、组织发展等领域的同事一起，先讨论出工作坊的方法论全景框架，然后才能确定目录的具体内容。

7. 问题全景。

管理咨询顾问通常要撰写三大类型的报告：项目建议书、问题诊断报告、解决方案报告。而问题诊断报告通常是问题全景的最直接应用。一家企业往往存在很多问题，如何迅速抓住主要矛盾、提炼出关键问题，并把这些问题按照一定的逻辑进行重组，形成问题全景，是决定整个项目顺利开展下一步工作的基础。

案例1-2-10：用全景图构建和呈现问题全景

在一次管理咨询项目中，主题之一是人力资源管理体系诊断，需要咨询顾问对客户企业的人才队伍和人力资源管理机制进行全方位的调研和诊断评估。项目组经过详细的调研和分析，作出了一套全景图，其中一张如图1-4所示：

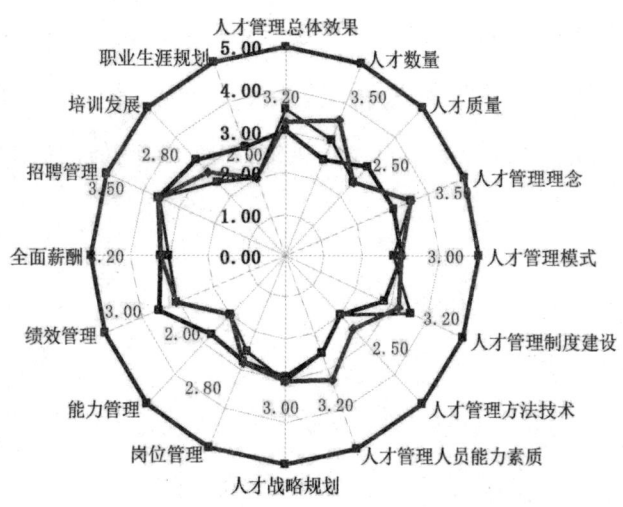

图1-4　人才队伍和人力资源管理机制问题全景

全景思维——思考与呈现的基本法则

图1-3中包含了以下逻辑：

（1）最外圈的文字，是人才队伍和人力资源管理机制的具体内容；

（2）最外圈，表示理想状态的5分，依次向内的圆圈分别代表4分、3分、2分、1分和0分；

（3）中间是三条折线，分别代表了三方视角对现状的评分——客户企业人力资源管理者的评分（即自评视角）、员工评分（即人力资源管理的客户视角）、管理咨询顾问评分（即第三方视角）。

从这张全景图上，可以比较直观地概览三方视角的观点差异。此外，项目组还针对每项具体内容，做出了配有文字说明的全景图。这些全景图互相搭配，才能让受众更清楚地理解问题全景及具体观点。

通过以上案例，我们对什么是"全景"已经有了比较直观的认识。当然，全景的类型远远不止上面所说的这些。万物皆可全景。当我们具备了全景思维并逐渐形成了自然而然的思维习惯时，任何一个事物都可以用全景思维的视角来洞察和解读，或者说，到那时，我们看到的多维世界就是一个充满全景的世界，因为我们的大脑已经经过了全景思维的训练，随时随地都可以把碎片化的信息进行逻辑连接，不断地创造出一个又一个全景。

本节内容要点

1.全景，是围绕某一主题、以结构化方式构建的信息、内容等各种要素的集合，是结构化思考与全景化思考有机结合产出的思考成果，是用俯瞰全局、一览无遗的视角思考和呈现事物的结果。

2. 全景的呈现形式，可能是语言文字、有形的实体图或无形的虚拟图，也可能是其他形式。

3. 图示是全景的重要呈现形式，但不是唯一形式。

4. 全景思维不等于全景图思维。

5. 全景是围绕主题而构建的，没有主题的全景只是大杂烩式的"伪全景"。

6. 全景有很多种类型，例如数列全景、空间全景、流程全景、序言全景、故事全景、主题全景、问题全景等。

7. 各种全景在实际应用时可能会有交叉重叠。

8. 语言文字，书名、前言、目录，全景图，组织架构图，流程图，SCQA，STAR等都是构建和呈现全景的工具和具体方法。

9. 万物皆可全景。

10. 当我们具备了全景思维并形成思维习惯时，任何一个事物都可以用全景思维的视角来洞察和解读，我们看到的世界就是一个充满了全景的世界。

第3节　逻辑：构建全景的法宝

逻辑是思维的脊梁。

——约翰·杜威

约翰·杜威说："逻辑是思维的脊梁。"探讨全景思维，就离不开探讨其核心的构建工具——"逻辑"，有时也称之为"结构"。

逻辑，是一个内涵深刻而广泛的词汇。逻辑学，是一门研究推理、论证和判断的学科。本书并非关于逻辑或逻辑学的专业书，书中所说的全景思维的"逻辑"，特指在日常生活和工作中，人们在思考和解决问题、人际互动、沟通交流等场景下构建和呈现某种全景的逻辑。

具体而言，在思考和解决问题的场景中，逻辑主要是指如何组织各种素材、如何处理加工各种信息、如何构建出易于理解的全景等；在表达和呈现的场景中，逻辑主要是指说什么、不说什么，先说什么、后说什么，重点说什么，以及如何为受众展示易于理解的全景等。

在这些场景中，我们作为思考者和表达呈现者，需要遵循一定的逻辑规则和基本操作原则，让自己的思考更加具有全景视角、更加清晰有序，同时也能让受众在脑海中准确地解码并理解某个主题或全景的逻辑结构，从而更快速、准确、高效地接受和理解我们的观点。

我们在前面介绍什么是"全景"时说，全景有很多种类型。不论是哪种类型的全景，都是在围绕某个主题的前提下，应用某种或某几种逻辑构建出来的。所以，"全景"和"逻辑"之间的关系是：逻辑是构建和呈现全景的工具，全景是运用逻辑进行思考和呈现的结果。

和全景一样，逻辑也有很多种类型，例如数列逻辑、空间逻辑、流程逻辑、价值逻辑、序言逻辑、故事逻辑、主题逻辑、问题逻辑、总分总逻辑、金字塔逻辑、图示逻辑等。在实际应用时，它们可能会存在交叉重叠。

这里我们先以数列逻辑和价值逻辑进行示例。在第 2 章，我们将会对几种重要的基础逻辑——总分总逻辑、金字塔逻辑、问题逻辑，以及图示逻辑和逻辑的应用智慧进行更加深入的探讨。

前面讲到数列全景是最常见的一种全景，与之对应的逻辑就是数列逻辑。可以说，它是一种最简单的逻辑。

案例 1-3-1：用数列逻辑发言

小王刚刚参加了一场关于金字塔逻辑的培训。他非常兴奋，在第二天的公司分享会上，向同事们讲述了自己总结的金字塔逻辑的五大好处。

"我认为，金字塔逻辑的好处包括以下五个方面：

第一，提高沟通效率。金字塔逻辑的核心思想是将复杂的信息分解成简单、易于理解的各个部分，并用金字塔结构进行组织。这有助于提高信息的传递效率，减少沟通中的误解和混乱。

第二，强化思考逻辑。通过使用金字塔逻辑，可以训练自己按照逻辑顺序组织和表达思想。这样可以帮助我们更清晰地理解自己的观点，同时

全景思维——思考与呈现的基本法则

也有助于在讨论中展示自己的逻辑思维能力。

第三，提升表达清晰度。金字塔逻辑鼓励将观点按照层次进行组织，使表达更加有条理，易于理解。这对于沟通、表达、写作、演讲等非常有用。

第四，支持快速决策。金字塔逻辑有助于将关键信息高效地传达给决策者，使他们能够更迅速地理解问题的核心，从而更快地做出决策。

第五，跨文化沟通。金字塔逻辑的结构化表达方式适用于不同文化背景的人，有助于在跨文化沟通中更容易地达成共识。"

用数列逻辑构建出来的全景，不一定是一个高质量的全景，但小王起码可以说："看，我用1、2、3的方式构建出一个完整的全景了。"这时，能在瞬间发现小王所构建的这个全景是否存在逻辑漏洞，是否还可以改进提升的受众是极少数的，大部分人都会因为小王刚刚说过"第一""第二""第三"而对他竖起大拇指："这个小伙子的思路和表达都非常清晰，是个有逻辑、有条理的人！"

下面，我们再看看什么是价值逻辑。这种逻辑的基本结构是：价值承诺——价值兑现。它通常被应用于构建序言全景、故事全景等。

案例1-3-2：《金字塔原理》的价值逻辑

以《金字塔原理》这本书为例。其前言部分负责价值承诺——承诺教授读者一种清晰、有条理的思考与表达方式，帮助他们更高效地工作。正文部分则负责价值兑现，通过解析金字塔原理的基本概念、提供具体操作步骤以及举例说明等，来兑现前言中的价值承诺。这样，读者在阅读时，会觉得收获了实用的知识和技能，从而认为这本书具有价值。

价值逻辑可以应用于各种场景，例如一本书籍、一篇文章、一份工作报告、一部影视剧的宣传片、一份产品说明书、一场新产品发布会等，都应该体现价值逻辑。它的关键在于，首先要通过价值承诺来吸引受众的兴趣，然后再通过具体内容为受众创造价值，从而兑现承诺。

从上面数列逻辑和价值逻辑及其案例可以看出，逻辑的核心价值在于，它是为构建和呈现全景服务的。在构建和呈现全景时，要选择与之最匹配的逻辑。反之，当某个全景业已形成时，也可以将其拆解成相应的逻辑结构，从而对这个全景进行更加细致、具体、深入地解读与解析。

在初步了解全景思维中"逻辑"的基本含义与类型之后，我们再来看看逻辑的呈现形式。

全景思维中的逻辑，最常见的呈现形式是语言（口头或文字）和图示。在大部分的生活和工作场景中，全景思维都是以语言的形式存在的。语言是一种线性的呈现形式，更加需要用逻辑来组织内容，否则将词不达意，更谈不上体现全景。与语言相比，图示则能更直观、立体、形象地展示全景，并体现各个要素之间的结构和逻辑关系。

除了语言和图示之外，还有另外一些形式可以呈现某些特定领域的全景及其逻辑。例如艺术创作中的形象思维，包括图画、摄影作品等，通过具体事物的形象、感观印象来构建和呈现全景。再如体育、舞蹈等领域中的运动思维，通过肢体和动作来构建和呈现全景。

尽管全景思维的逻辑呈现形式有很多种，但最基本的形式依然是语言，原因有以下几点：

（1）其他形式都以语言为基础。图示、艺术形象、肢体和动作等，最终仍需要借助或转化为语言来进行表达和理解。

（2）表达抽象概念。语言是处理抽象概念的关键工具。许多抽象概念，如情感、信仰和价值观等，难以通过图示等形式进行表达。

（3）表达细节和深度。虽然图示等形式可以更直观地展示全景，但在处理复杂的细节和深度时，语言具有更强大的表达力。通过语言，我们可以对事物进行详细描述、解释和论证，帮助受众更深入地理解主题和观点。

（4）逻辑推理有优势。语言在处理逻辑推理方面具有优势。通过语言，我们可以建立前提、推导结论，并组织复杂的论证。这种逻辑推理能力是图示等形式难以替代的。

（5）有助于深入思考。在思考过程中，语言可以进行更加深入的追问、分析、延展等，从而实现更加深入的思考。同时，语言方便记录和传承，使得思考能够建立在此前思考结果的基础上，不断推陈出新。

（6）具有强大的可变性和创造性。语言可以根据具体情境和需求进行调整。人们可以通过组合与变换词汇、句式等语言元素，创造出多种表达方式，以满足不同目的和需求。

（7）有利于社会互动和交流。语言是人们互动和交流的基石。通过语言，我们可以表达想法、意愿和需求，与他人建立联系。同时，语言是文化传承的重要载体，可以在不同的时间和空间流传。

尽管语言是全景思维逻辑的最基本呈现形式，但是在直观、立体、形象、高效等方面，图示则显得更高一筹。我们将在第 2 章第 4 节进一步探讨如何用图示的方法来构建和呈现全景。

本节内容要点

1. 全景思维的"逻辑",特指在日常生活和工作中,人们在思考和解决问题、人际互动、沟通交流等场景下构建和呈现某种全景的逻辑。

2. 在思考和解决问题的场景中,逻辑主要是指如何组织各种素材、如何处理加工各种信息、如何构建出易于理解的全景等。

3. 在表达和呈现的场景中,逻辑主要是指说什么、不说什么,先说什么、后说什么,重点说什么,以及如何为受众展示易于理解的全景等。

4. 逻辑能让思考更加具有全景视角、更加清晰有序,同时也能让受众更快速、准确、高效地接收和理解我们的观点。

5. 不论是哪种类型的全景,都是在围绕某个主题的前提下,应用某种或某几种逻辑构建出来的。

6. 逻辑是构建和呈现全景的工具,全景是运用逻辑进行思考和呈现的结果。

7. 逻辑有很多种类型,例如数列逻辑、空间逻辑、流程逻辑、价值逻辑、序言逻辑、故事逻辑、主题逻辑、问题逻辑、总分总逻辑、金字塔逻辑、图示逻辑等。

8. 各种逻辑在实际应用时可能会有交叉重叠。

9. 数列逻辑是一种最常见、最简单的逻辑。

10. 价值逻辑的基本结构是:价值承诺——价值兑现。

11. 逻辑是为构建和呈现全景服务的。在构建和呈现全景时,要选择与之最匹配的逻辑。

12. 当某个全景业已形成时，可以将其拆解成相应的逻辑结构，从而对这个全景进行更加细致、具体、深入地解读与解析。

13. 最常见的逻辑呈现形式是语言（口头或文字）和图示。

14. 语言是线性的、最基本的呈现形式，而图示则能更直观、立体、形象、高效地展示全景。

第4节　全景思考原则：思考问题的基本法则

> 所有人都是为成功而降临到这个世界上的，但是有的人成功了，有的人没有，那是因为每个人的思考方法不同。
>
> ——马克斯韦尔·马尔茨

思考是有方法的，思考方法决定着思考的流程和质量。全景思维是一种具有明确逻辑规则的思考流程，包括"输入""处理过程"和"输出"三个关键环节。"输入"通常是杂乱无章的信息或素材，"处理过程"是对这些信息或素材进行整理、加工、分析和推理的过程，"输出"则是经过"处理过程"后得到的最终结果，例如结论、观点或解决方案，是某种结构化的全景。

在本书中，为了便于理解，我将全景思维的"处理过程"根据"输出"的关键受众进行划分：如果"输出"的关键受众是思考者自己，即输出的思考成果主要是供思考者自己理解的，就称之为"全景思考过程"；如果"输出"的关键受众是他人，即输出的思考成果主要是供他人理解的，则称之为"全景呈现过程"。

这两个概念并非是绝对独立的，而是你中有我、我中有你的关系，只是因为各自强调的侧重点不同，为了便于更好地理解和掌握各自的操作原则与操作方法，而做出的区分。一般来说，在全景思考过程之后，不一定要有全景呈现过程，但是每一个全景呈现过程，都必然要结合全景思考过程。

全景思维的"处理过程"需要遵循一定的逻辑规则。对应"全景思考过程"与"全景呈现过程"，我将这些逻辑规则命名为"全景思考原则"和"全景呈现原则"，这样，就构成了全景思维应用于思考与呈现的两大基本法则。全景思考原则主要以构建或产出全景为核心目标，全景呈现原则主要以向他人展示或解读全景为核心目标。如果遵循这些原则，我们可以得到更高质量的"输出"，从而更高效地达成目标。

上述概念的逻辑关系如图1-5所示。

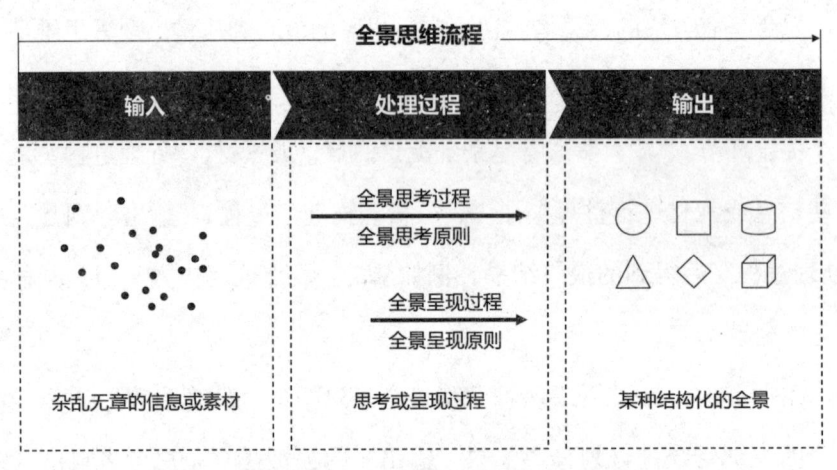

图1-5 全景思维流程

本节主要探讨全景思考原则。

全景思考原则，是指在全景思考过程中，以能够构建出全景的方式来处理信息和思考问题。它的核心目标是为了构建或产出全景。这个概念比较抽象，具体如何操作呢？由于在实际生活和工作中，思考的场景无处不在，我们不妨选择一个与"思考"的含义极其接近的词汇——"解决问题"，用解决问题的过程来总结提炼全景思考原则的基本操作原则。同时，因为解决问题也是全景思考原则最常用的实际场景之一，我们可以把这些基本操作原则，举一反三地应用到其他场景。

根据全景思考原则，解决问题的精髓是力求使解决问题过程中的每个关键步骤都能构建或产出清晰的全景，基本操作原则包括以下几点。

（1）全面收集和挖掘信息，构建信息全景。是指尽可能全面地收集和挖掘信息，包括各种事实、现象、数据、案例等，为后续的问题界定、分析与解决提供信息全景。

（2）精准描述和界定问题，构建问题全景。这是指对各种信息进行分析诊断，发现关键问题，进行精准描述和界定，用恰当的逻辑关系构建问题全景。

（3）追根溯源和深入分析，构建根源全景。这是指对关键问题开展全面、深入分析，既要有分析的高度和深度，也要有广度，纵向到底、横向到边，直至找到问题的根源和本质，构建根源全景。

（4）系统思考和解决问题，构建方案全景。这是指尽可能多地产出解决方案，进行多维度思考并锤炼修订，按照一定的逻辑标准进行筛选取舍，用恰当的逻辑关系构建解决方案全景。

（5）全面计划和动态推进，构建执行全景。这是指综合考虑相关方需求、时间、进度、质量、成本、人员、风险等各个要素，制订全面考量的方案实施计划，并动态推进、动态调整，构建执行全景。

（6）全面总结和回顾反思，构建复盘全景。这是指在实施方案的过程中及结束后，动态地、全面地评估实施效果，构建复盘全景。

也就是说，根据全景思考原则，在解决问题的过程中，至少需要构建六大全景：信息全景、问题全景、根源全景、方案全景、执行全景和复盘全景。关于这些基本操作原则，这里先点到为止，在本书第4章还会进行深入探讨。

总的来说，解决问题的过程本质上是一种思考过程，是对全景思考原则的具体应用和体现。全景思考原则之所以在这个过程中有价值，是因为它强调了思考和解决问题的每个关键步骤，都要以恰当的逻辑构建出全景，这就帮助思考者规避了思维的碎片化与发散性。需要注意的是，无论人们是否明确声称应用了全景思考原则，事实上，每一次解决问题的过程，其最终的效率或效果，都和是否有意或无意实践了，以及在多大程度上实践了全景思考原则有关。

任何一种思维都是抽象的，必须通过一定的载体或形式，比如语言、图示，或者结合具体的方式方法或操作工具，才具有可行性。下面我们看两个案例，看案例的主人公是如何将全景思考原则与具体的方式方法相结合的。

案例1-4-1：用卡片法构建故事全景

卡片法（Index Card Method）是一种专业的电影剧本写作方法，它可以帮助编剧来组织和梳理剧情，是对全景思考原则的一种实践。

在卡片法中，编剧将剧本的每个场景、关键事件或者故事要点写在一张张索引卡片上。这些卡片可以用来概括剧情、确定逻辑结构和顺序，找出故事中的弱点和不连贯的地方。

应用卡片法的关键，在于不断持续、循环应用。编剧每天都要花费很多时间（比如4小时）来优化调整卡片之间的逻辑顺序，尝试不同的剧情排列，从而找到最佳的故事结构，最终形成故事的最佳全景。

美国著名作家罗伯特·麦基，在其著作《故事：材质·结构·风格和银幕剧作的原理》中提到了卡片法。他称卡片法是一种"由内而外"的专业写作方式，强调了先要构建一个完整、有深度的故事全景，即剧本全景，然后再在这个全景的基础上进行写作。在麦基看来，设计一个合理的故事全景是至关重要的，因此剧本的构思和设计时间应该比实际写作的时间更长。

美国编剧阿伦·索尔金，就是一个广泛使用卡片法的编剧。他创作的许多作品，如电影《社交网络》和电视剧《新闻编辑室》，都使用了这种方法。在创作过程中，索尔金会将每个关键场景写在一张卡片上，然后将这些卡片按照他认为合适的顺序排列在墙上或者白板上，形成了一目了然的故事全景。这样，他可以一眼看到整个故事的结构，方便他在几周或几个月的时间内，不断循环调整和优化故事全景，满意后才开始根据每张卡片写作剧本细节。

卡片法的反例，就是罗伯特·麦基所称的非专业作家。这些作家常常采取一种"由外而内"的写作方法，即他们往往在没有故事全景的情况下，就直接撰写剧本，而不把时间花在故事全景的构思设计上。这种非专业的方法，往往导致剧本结构不稳固、故事发展不自然、角色形象不鲜明等问题，烂尾的发生在所难免。

我们在前面介绍"流程全景"的时候，也提到了在流程梳理的过程中采用类似的便签纸法。无论是艺术写作，还是商务职场，运用全景思维来构建和呈现全景的基本思想都是相通的。

下面，我们再来看案例1-4-2。

案例1-4-2：用现场法构建问题全景

在丰田汽车公司改进生产流程的过程中，大野耐一提倡使用"现场法"，他认为要深入了解生产过程中存在的问题，最好的办法就是亲自到现场去观察。不仅通过现场法来发现问题、诊断问题，在实施解决方案时，大野耐一同样强调现场法的重要性。他鼓励管理层、工程师和员工都积极参与现场改进活动，以实现问题的不断进化和迭代。

这种现场法使得公司能够迅速发现和解决问题，从而持续优化生产流程。通过亲自到现场收集信息、分析问题并实施解决方案，丰田汽车公司成功地改进了生产流程，提高了生产效率。

现场法的好处在于，现场既是问题出现的真实全景，又是思维迭代和思维进化最好的动态全景。思维的迭代和进化需要得到不断的信息刺激，只有在问题出现的现场，我们可以观察到员工、设备和操作流程，以及这些现场要素之间的关系，这些直观的人物和事物提供了无比真实的、生动鲜明的、动态的、可视化的全景信息，才能激发多维度、高质量的思维风暴，产出丰富多彩的思想观点。

写到这里，我不禁想起《法医秦明》系列书籍中经常出现的三个词：现场勘查、现场分析、现场重建，以及一个反复强调的观点：在侦破案件陷入思维僵局的时候，就要重返现场。面对各种错综复杂的线索，如何抽丝剥茧、梳理头绪，进而发现最关键的信息，找到破案的突破点，现场法是一种非常有效的方法。

除了要与具体的方式方法相结合之外，全景思考原则还强调要以最适合的逻辑构建全景。尤其是在不同的具体场景下，可能要选择不同类型的逻辑。如果用了不恰当的逻辑，则可能得不到最好的全景，甚至会闹笑话。案例1-4-3就说明了这一点。

案例1-4-3：侦探小说《东方快车谋杀案》的两种前言

《东方快车谋杀案》是一部著名的侦探小说。假设有人为小说撰写了两种前言，我们比较一下阅读感受。

第一种前言

在阿加莎·克里斯蒂的小说《东方快车谋杀案》中，侦探赫尔克里·波洛调查了一起谋杀案，并最终得出结论：真正的罪犯是所有乘客，他们共同策划并实施了复仇行动。

波洛的调查过程如下：

（1）东方快车上发生了一起谋杀案，波洛开始调查。

（2）波洛发现了被害人的身份。

（3）波洛对乘客进行了详细的询问，收集到许多线索。

（4）波洛发现了乘客之间的联系，以及他们与被害人之间的联系。

（5）波洛揭示了罪犯的身份，原来所有乘客共同策划并实施了这起谋杀案。

让我们一同踏上东方快车，跟随波洛的步伐，一步步揭开这个令人瞠目结舌的谋杀之谜吧！

第二种前言

穿梭在巴黎、布达佩斯、伊斯坦布尔之间的东方快车，是欧洲最奢华的列车，素有"流动的宫殿"之美誉。一群素不相识的来自世界各地的乘客汇聚于此，一场悬疑的命运交织即将展开。本书带您跟随世界著名的侦探赫尔克里·波洛，一起揭开这个扣人心弦的谜团。

在漆黑的夜晚，一声尖叫划破了寂静，波洛在包厢中醒来。随后，一具尸体出现在隔壁包厢。被困在列车上的波洛，面临着一个看似无解的谜题：在漫长的一夜，究竟谁是凶手？

随着调查的深入，波洛发现这起谋杀案似乎与一个惊天秘密有关。在时间和空间的限制下，波洛需要运用敏锐的直觉和细致的观察，从众多线索与矛盾中，找出隐藏在繁杂关系背后的真相。

本书是阿加莎·克里斯蒂最著名的作品之一，其内容结构紧凑、情节跌宕起伏，充满悬念。这是一部揭示人性的经典侦探小说，挑战着读者的智慧和判断力。

让我们一同踏上东方快车，跟随波洛的步伐，一步步揭开这个令人瞠目结舌的谋杀之谜吧！

对比一下，哪种前言更能引发读者的兴趣？显然是第二种。因为第一种前言不恰当地使用了金字塔逻辑，把大结局放在最前面，失去了悬念。第二种则正确地采用了价值逻辑，进行了价值承诺，承诺为读者贡献一次侦破案件的刺激的精神之旅。这样，读者才有兴趣读下去。

需要注意的是，这个案例只是侦探小说的场景，不太适用金字塔逻辑撰写前言。但在职场中，无论是口头汇报，还是撰写书面汇报稿，反而推荐综合使用金字塔逻辑和价值逻辑，这和文艺创作是不同的。

本节内容要点

1. 思考方法决定着思考的流程和质量。

2. 全景思维是一种具有明确逻辑规则的思考流程,包括"输入""处理过程"和"输出"三个关键环节。

3. 根据"输出"的关键受众不同,"处理过程"分为全景思考过程和全景呈现过程。前者的关键受众是思考者自己,后者的关键受众是他人。

4. 全景思考过程和全景呈现过程并非是绝对独立的,只是各自强调的侧重点不同。

5. 在全景思考过程之后,不一定要有全景呈现过程,但是每一个全景呈现过程,都必然要结合全景思考过程。

6. 全景思考原则和全景呈现原则,是全景思维应用于思考与呈现的两大基本法则。

7. 全景思考原则,是指在全景思考过程中,以能够构建出全景的方式来处理信息和思考问题。

8. 全景思考原则的核心目标是为了构建或产出全景。

9. 全景思考原则的最佳应用场景之一是分析和解决问题,力求使解决问题过程中的每个关键步骤都能构建或产出清晰的全景。

10. 全景思考原则的基本操作原则包括:

(1)全面收集和挖掘信息,构建信息全景。

(2)精准描述和界定问题,构建问题全景。

(3)追根溯源和深入分析,构建根源全景。

（4）系统思考和解决问题，构建方案全景。

（5）全面计划和动态推进，构建执行全景。

（6）全面总结和回顾反思，构建复盘全景。

11. 根据全景思考原则，在解决问题的过程中，至少需要构建六大全景：信息全景、问题全景、根源全景、方案全景、执行全景和复盘全景。

12. 全景思考原则强调了每个关键步骤都要以恰当的逻辑构建出全景，从而规避思维的碎片化与发散性。

13. 每一次解决问题的过程，其最终的效率或效果，都和是否实践了，以及在多大程度上实践了全景思考原则有关。

14. 全景思维、全景思考原则和全景呈现原则，必须通过一定的载体或形式，或者结合具体的方式方法或操作工具，才具有可行性。

15. 卡片法、现场法是应用全景思维和全景思考原则的具体方法。

16. 全景思考原则强调要以最适合的逻辑来构建全景，否则非但得不到最好的全景，反而会闹笑话。

17. 金字塔逻辑通常不适用于文艺创作的前言，但适用于商务汇报的前言。

第5节　全景呈现原则：表达呈现的基本法则

结构是为了表达而存在的，而不是为了它自己。

——路德维希·密斯·凡德罗

如同全景思考的场景无处不在一样，全景呈现的场景也比比皆是，一次口头沟通、一场商务演讲、一份书面报告、一篇文章、一本书、一幅画、一部影视剧等等，都是不同形式的呈现。

我们在第 4 节讲过，全景呈现不是独立存在的，而是必然与全景思考共同存在的，故而全景呈现原则同样基于并涵盖了全景思考原则的全部精髓，因此，与全景思考原则相同或接近的内容，本节不再赘述。

与全景思考原则一样，我们也为全景呈现原则做一个类似的定义：全景呈现原则，是指在全景呈现过程中，以全景本身或受众易于理解并重组形成全景的方式来表达信息。它的核心目标是为了向受众展示或解读全景。

这个定义有两层含义：第一，在呈现时，尽量直接以全景本身进行呈现，例如一个目录、一张全景图；第二，如果不能直接用全景进行呈现，也要用受众容易理解，并有助于受众自己重组成全景的方式进行呈现。

具体而言，全景呈现原则包括以下基本操作原则：

（1）选择最适合的逻辑来呈现全景。

（2）在呈现开始时，尽早地通过逻辑预告来呈现全景。

（3）在呈现过程中，按照恰当的逻辑进行呈现，有始有终，形成逻辑闭环。

（4）在呈现过程中，必要时重申、重现全景。

（5）在呈现结束时，回顾全景。

（6）以受众为中心，勿忘全景呈现的目的——服务受众。

下面结合案例来进行说明和理解。

1.选择最适合的逻辑来呈现全景。

在经过了全景思考过程之后，我们已经获得了某种全景，例如一段前言、一个目录、一张全景图。那么在呈现时，就要直接呈现这个全景，这样，受众能够直接地、一目了然地立即进入接收、解读、理解这个全景的状态，大大缩短了呈现者与受众之间建立心理链接和知识链接的过程，减少了理解偏差或不到位的内耗。

但是，要想得到这种理想的效果，必须有一个前提条件，那就是：这个全景，是以最适合的逻辑来构建和呈现的。如果用了不适合的逻辑，就像《东方快车谋杀案》的第一个前言那样，反而会适得其反。

2.在呈现开始时，尽早地通过逻辑预告来呈现全景。

什么是逻辑预告？就是向受众预告接下来将要呈现什么信息、哪个方面的信息、用什么逻辑来呈现这些信息。这种预告的本质是对信息全景的高度概括和缩影表达。总分总逻辑的第一个"总"、金字塔逻辑的"先说结论"、问题逻辑的"提出问题"，都是逻辑预告的方式。

案例 1-5-1：用"提出问题"进行逻辑预告

"谁是我们最可爱的人？"这是魏巍在《谁是最可爱的人》开篇不久就马上提出的问题。这些问题的提出，都向读者预告了接下来的叙述逻辑是问题逻辑，读者将会在接收后面的信息时，按照问题逻辑做好心理准备。

读者要做好什么样的心理准备呢？要做好接收问题答案和分析过程这两类信息的准备，因为问题逻辑的最优结构是：提出问题—给出答案—分析过程。案例 1-5-2 使用了问题逻辑的最优结构。

案例 1-5-2：如何解决沟通不畅的问题

（提出问题）如何解决企业中普遍存在的沟通不畅问题？

（给出答案）应该通过培训和训练来提升员工的沟通技巧，以及优化企业的沟通流程和沟通平台。

（分析过程）必须解决沟通不畅问题的原因在于，有效沟通是企业协作和高效运转的基石。沟通不畅会导致信息传递不准确、决策滞后、团队合作低效等问题……

案例 1-5-3 使用了金字塔逻辑的"先说结论"来进行逻辑预告。

案例 1-5-3：如何提高销售团队的绩效

为了提高销售团队的绩效，我们应实施针对性的培训、优化激励制度、改进客户关系管理系统。

（1）实施针对性的培训。（具体内容略）

（2）优化激励制度。（具体内容略）

（3）改进客户关系管理系统。（具体内容略）

通过以上三个方面的改进，我们可以有效提高销售团队的绩效并实现企业的业务增长。

在这个报告中，第一句话"我们应实施针对性的培训、优化激励制度、改进客户关系管理系统"预告了报告的三部分内容，以便让受众做好接收这三部分内容的准备。当然，报告呈现者也可以不进行逻辑预告，而是直接先说各部分的细节信息，就像案例1-5-4这样。

案例1-5-4：如何提高销售团队的绩效（续）

为了提高销售团队的绩效，我们应该采取以下措施：

（1）实施针对性的培训。（具体内容略）

（2）优化激励制度。（具体内容略）

（3）改进客户关系管理系统。（具体内容略）

在没有逻辑预告的情况下，当受众在听到或读到第五分钟时，可能还是停留在第一部分，而且不知道还需要在第一部分停留多久，也不知道后面还会接收哪些信息，就像没有地图的旅行者，容易迷失方向。所以，在呈现开始时，要尽早地进行逻辑预告，为受众提供一份简明扼要的思路地图。

与写作场景不同，在商务公众演讲的场景下，逻辑预告不仅包括主题、信息、内容等方面的预告，也要包括时间边界的预告，让受众能够清晰地将主题、信息、内容与总时间及为各部分分配的时间段进行连接。

案例 1-5-5：如何提高销售团队的绩效（续）

为了提高销售团队的绩效，我们应实施针对性的培训、优化激励制度、改进客户关系管理系统。下面，我用 1 小时的时间分享这三项措施的核心内容，再用 30 分钟的时间与各位进行讨论。

3.在呈现过程中，按照恰当的逻辑进行呈现，有始有终，形成逻辑闭环。

这句话有两层意思。第一，在呈现开始以后，应按照恰当的逻辑进行呈现，例如适合金字塔逻辑的就用金字塔逻辑，适合问题逻辑的就用问题逻辑，适合两者结合的就结合应用。第二，如果选择了某种逻辑或某几种逻辑结合应用，就应当按照这种或这几种逻辑的特定结构进行呈现，有始有终，直到逻辑结束，形成闭环，中间不能发生逻辑混乱，也不能发生关键的逻辑环节缺失。

这听起来似乎有些难理解，那就一起看看案例 1-5-6。

案例 1-5-6：罗姆尼的演讲

2012 年，美国总统候选人罗姆尼进行了一次演讲，阐述为什么他认为奥巴马提出的政策对美国不利，但演讲缺乏逻辑性。

演讲中，他提到了一系列与奥巴马所提政策相关的问题，包括就业、能源政策、国际贸易等。按照正常的逻辑，他应该分别论述这几个问题是怎样对美国不利的，这样才能支撑他认为奥巴马提出的政策对美国不利这个总结。

但罗姆尼并没有按照清晰的逻辑来组织内容：第一，他没有进行逻辑预告；第二，在刚提到一个问题时，他会突然转到另一个问题；第三，演讲中缺乏翔实的数据、事实来支持结论，也缺乏他自己的具体计划和解决问题的对策。这样的演讲逻辑，导致受众很难深入理解他的观点。

再看一个关键逻辑环节缺失的案例。前面讲到故事应该有全景和逻辑，其中有一种故事逻辑是这样的：引子（Introduction）—初始事件（Inciting Incident）—上升行动（Rising Action）—高潮（Climax）—下降行动（Falling Action）—结局（Resolution/Denouement）。在这种故事逻辑中，每个环节都是构成故事全景的一个组成部分，特别是"高潮"（Climax），作为最关键的逻辑环节，是绝不能缺失的。否则，这个故事将会像案例1-5-7这样无趣。

案例1-5-7：张博士的故事

（引子）介绍张博士的生活、职业背景以及他研究的药物。

（初始事件）张博士发现了一种新型化合物，有望成为治疗癌症的突破性药物。

（上升行动）张博士面临诸多困难，例如缺乏实验数据、实验室经费不足以及与同行的竞争等。

（高潮）（缺失）

（下降行动）张博士经过不懈努力，最终解决了这些难题，完成了药物的研究。

（结局）药物成功通过临床试验，张博士获得了荣誉和认可。

在这个故事中，最精彩的部分应当是如何解决各种难题，这是集中体现矛盾冲突的"高潮"环节，但恰恰是这个最重要的逻辑环节缺失了，从而导致这个故事没有形成完整的逻辑闭环，也就是说，没有构成完整的故事全景。

在全景呈现的过程中，一旦做出了逻辑预告，就相当于向受众做出了逻辑承诺，如同打开了一扇逻辑大门。等受众进入这个大门之后，呈现者有责任带领受众沿着这个逻辑结构走下去，直到一起走出这个结构，呈现者将其关闭。例如，前面案例讲到为了提高销售团队的绩效，应实施针对性的培训、优化激励制度、改进客户关系管理系统，那么，呈现者就应当沿着这三个子主题进行表达呈现。

但是，这条操作原则并不是僵化、死板的，特别是在口头呈现的场景下，例如口头沟通汇报、商务公众演讲时，如果现场出现了突发状况，比如说受众提出了不同的需求、某位关键受众突然要离开、时间临时缩短等等，这就对呈现者提出了极大的挑战。呈现者要在极短的时间内迅速进行逻辑重组，将事先准备好的逻辑做出相应的调整。这时，如果还僵化地死守这条原则，一味地按照原定逻辑进行呈现，而不做出针对性的调整和变化，就可能会导致严重的后果。

4.在呈现的过程中，必要时重申、重现全景。

在购物中心的不同楼层、公园的不同方位，通常都设有清晰的地图，不仅确保消费者、游玩者能时时看到全景，也能动态地、清楚地知晓目前所处位置。这就是全景的重现。

同样地，无论是书面表达还是口头呈现，如果文字篇幅较长或者呈现时间较长、信息和内容很多，那么除了在呈现开始时，要通过逻辑预告的方式呈现全景之外，在呈现过程中，必要时还要不断重申、重现全景。否则，受众很容易在阅读或倾听的过程中忘记全景，而且随着文字的进展或时间的推移，也会忘记自己在全景中所处的动态位置。因此，呈现者有责任在这个过程中，时不时地为受众再次展示全景，从而让受众及时回归全景。

案例 1-5-8：如何提高产品市场份额

为提高产品的市场份额，我们需要采取以下三项策略：加强市场营销和品牌推广，优化产品线和提高产品质量，提升客户服务和售后支持。下面我来详细说明以上三个策略。

（1）加强市场营销和品牌推广。

（具体内容略。假设讲述时间很长，此时受众已忘记全景，那么在讲第二个策略之前，要先重申一次全景。）

前面讲过，提高公司产品市场份额的策略共有三项：加强市场营销和品牌推广、优化产品线和提高产品质量、提升客户服务和售后支持。刚才我们已经详细讨论了第一项策略，下面接着讨论第二项策略。

（2）优化产品线和提高产品质量。

（具体内容略。如有必要，则再次重申全景。）

（3）提升客户服务和售后支持。

（具体内容略。）

综上所述，这三项策略将有助于公司提高产品市场份额，提升品牌形象，并建立持久的竞争优势。

我们可以发现，在呈现过程中，必要时不断重申、重现全景，不仅可以确保受众及时回归全景，也发挥了承上启下的作用。

5. 在呈现结束时，回顾全景。

在呈现开始时，用逻辑预告的方式呈现全景；在呈现过程中，必要时重申全景；结束时，回顾全景。这是总分总逻辑的一种应用。全景就如同一条贯穿始终的主线，确保呈现的主题和具体内容不发生偏离。

6. 以受众为中心，勿忘全景呈现的目的——服务受众。

前面讲第三条操作原则时，谈到要根据现场受众情况进行逻辑的灵活调整，就是"服务受众"的一种体现。

全景呈现原则的目的，本质上是为受众提供高质量的全景呈现。受众就是呈现者的客户，因此，呈现者要具有客户意识，不能以自我为中心，一味地按照自己喜欢的逻辑和方式进行呈现，而是要以受众为中心，通过高质量的呈现向受众提供高质量的服务——这是一种抽象的服务，为他们提供分析、解读、洞见、答案等。这就要求呈现者在选择所要表达的信息和观点，以及选择恰当的逻辑时，要结合受众的需求、特点，努力考虑受众的感受，进而为受众带来更好的服务和体验。

全景思维之所以重视逻辑，是因为它们既能帮助呈现者更清晰、有逻辑地组织信息和观点，同时又能帮助受众更好地跟踪呈现者的思路，更迅速、准确地抓住全景和核心观点。下面是一些常用的逻辑，我们看看它们是怎样服务受众的：

（1）数列逻辑：当数列一开始，受众就随着1、2、3的指引进入了人们所熟悉的简单的顺序结构之中。数列有助于保持内容的连贯性，使受众能够按照呈现者设定的顺序接收和理解信息。

（2）流程逻辑：它不仅为受众呈现了流程全景——流程图，还展示了各个环节之间的逻辑关系，为接下来的流程环节进行了逻辑预告，帮助受众了解各个环节在整个过程中的相对位置和相互关系。

（3）对比逻辑：通过对两个或多个事物的相似之处和差异之处进行对比分析，帮助受众更全面地了解信息，从而做出更明智的决策。

（4）因果逻辑：分析事件或现象之间的因果关系，帮助受众理解原因和结果，以及它们之间的联系，从而发现根源或本质。

（5）分类逻辑：通过将信息分成若干类别，使信息更加具有条理性，可以帮助受众快速找到感兴趣的信息或关键的重点信息。

（6）总分总逻辑：首先提出总论点，然后详细论述各个分论点，最后进行总结，有助于受众从整体到局部地认识问题，然后再回归到整体，形成完整的认知过程。

（7）金字塔逻辑：以自上而下的方式组织信息，先提出最关键的观点，然后逐层展开细节，有助于受众迅速抓住核心观点，再逐层深入了解细节。

（8）问题逻辑：首先提出问题，然后给出答案，接着再展开详细分析。问题和答案构成了最基本的全景。这种结构先抛出全景，并对接下来的分析进行逻辑预告，引导受众关注要解决的关键问题，有助于受众理解核心观点和论证过程。

可见，任何一种逻辑，都能从不同角度为受众提供更好的服务。我们在运用这些逻辑进行全景呈现时，也要牢牢记住这条基本操作原则：以受众为中心，勿忘全景呈现的目的——服务受众。

关于全景呈现原则，我们在第 5 章还会结合具体的应用场景进行更加深入的探讨。

本节内容要点

1.全景呈现必然与全景思考共同存在，全景思考原则的精髓同样适用于全景呈现原则。

2.全景呈现原则，是指在全景呈现过程中，以全景本身或受众易于理解并重组形成全景的方式来表达信息。

3.全景呈现原则的核心目标是为了向受众展示或解读全景。

4.全景呈现原则的基本操作原则包括：

（1）选择最适合的逻辑来呈现全景。

（2）在呈现开始时，尽早地通过逻辑预告来呈现全景。

（3）在呈现过程中，按照恰当的逻辑进行呈现，有始有终，形成逻辑闭环。

（4）在呈现过程中，必要时重申、重现全景。

（5）在呈现结束时，回顾全景。

（6）以受众为中心，勿忘全景呈现的目的——服务受众。

5.直接呈现全景，受众能立即进入接收、解读、理解这个全景的状态，大大缩短呈现者与受众之间建立心理链接和知识链接的过程。

6.逻辑预告是向受众预告接下来将要呈现什么信息、哪个方面的信息、用什么逻辑来呈现这些信息，本质是对信息全景的高度概括和缩影表达。

7. 总分总逻辑的第一个"总"、金字塔逻辑的"先说结论"、问题逻辑的"提出问题"，都是逻辑预告的方式。

8. 一种故事逻辑和故事全景：引子（Introduction）—初始事件（Inciting Incident）—上升行动（Rising Action）—高潮（Climax）—下降行动（Falling Action）—结局（Resolution/Denouement）。

9. 全景如同一条贯穿始终的主线，确保呈现的主题和具体内容不发生偏离。

10. 全景呈现原则的目的，本质上是为受众提供高质量的全景呈现。

11. 呈现者以受众为中心，通过高质量的呈现向受众提供高质量的服务——这是一种抽象的服务，为他们提供分析、解读、洞见、答案等。

12. 任何一种逻辑，都能从不同角度为受众提供更好的服务。

第2章　全景逻辑：
用全景智慧释放逻辑灵感

逻辑是一切思考的基础。

——黑格尔

```
┌─────────────────────────────────────────────────┐
│              第2章                               │
│    全景逻辑：用全景智慧释放逻辑灵感                │
│  ┌───────────────────────────────────────────┐  │
│  │              第1节 总分总逻辑              │  │
│逻辑规则│                                      │  │
│逻辑定力│          全景思维的主要基础逻辑       │  │
│  │   第2节 金字塔逻辑 ←→ 第3节 问题逻辑       │  │
│  └───────────────────────────────────────────┘  │
│           用图示呈现逻辑全景 用智慧释放逻辑灵感   │
│  ┌───────────────────────────────────────────┐  │
│逻辑灵感│                                      │  │
│逻辑智慧│   第4节 图观全景 ←→ 第5节 全景智慧    │  │
│  └───────────────────────────────────────────┘  │
└─────────────────────────────────────────────────┘
```

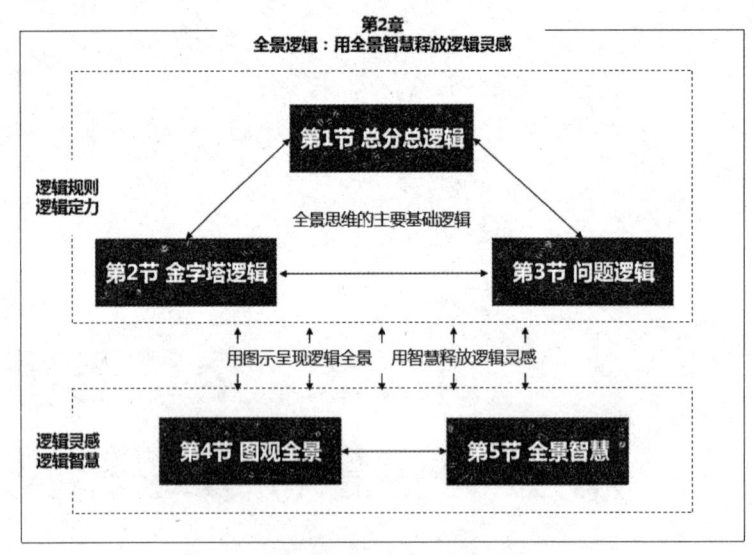

图2-1　第2章全景图

　　逻辑是构建和呈现全景的工具和法宝。全景思维的核心精神，在于运用恰当的逻辑，在思维过程中处理和分析信息，以构建和呈现最佳全景为目的。因此，我们有必要对全景思维最主要的基础逻辑进行更加深入的了解和探究，同时也要理解，逻辑应用不仅需要遵循一定的逻辑规则和基本操作原则，也要有灵活变化的艺术性和智慧，这样才能游刃有余地驾驭逻辑、创建全景。

　　本章由五节内容构成。前三节分别探讨全景思维最主要的三种基础逻辑：总分总逻辑、金字塔逻辑和问题逻辑，以及它们与全景思维之间的关系。第4节探讨如何用图示来构建和呈现全景，用全景图来说话。第5节探讨如何理解逻辑定力与逻辑智慧之间的关系，以及逻辑应用智慧的基本操作原则。

第1节　总分总逻辑：无限包容的全景框架

作大篇尤当布置：首尾匀停，腰腹肥满。

——（宋）姜夔

有些逻辑具有自然天成的属性，有些逻辑则是人为设计出来的。

自然天成的逻辑，通常是自然而然形成、无师自通或者不需要太多的刻意练习就基本上会使用的逻辑，例如数列逻辑、时间逻辑、分类逻辑等。谁都会用第一、第二、第三来说话，也会用时间顺序来表达，只是用得好不好、恰当不恰当的问题。人们也都天生具有基本的分类能力，例如小朋友做拼图游戏，通常就是按颜色或形状进行分类的，但是如何在复杂的场景下，选择不同的逻辑标准作出更高明的分类，则不是人人都会的了。

另外一些逻辑则是人们经过总结提炼、研究设计、发明创造而产生的，包括总分总逻辑、金字塔逻辑、问题逻辑等，以及众多专家学者和公司创造的理论模型和思考模型，例如前面提到的BLM模型，还有麦肯锡解决问题的七步成诗法、组织诊断的7S模型等。

以总分总逻辑为例，它虽然不是自然天成的，但是也没有人说得清楚是谁首先明确提出了这种应用极为广泛的逻辑。然而，毋庸置疑的是，总分总逻辑是长久以来代代相传的经典逻辑。本节就着重讨论总分总逻辑，因为它是构建和呈现全景最基础的逻辑，也是一种具有无限包容性的全景框架。

总分总是最常见的逻辑结构，它的基本思想是先呈现一个总体观点，然后再进行具体的阐述，最后再回归总体观点。这种结构在不同时期、不同国家和地区的文化传统中都有类似的应用。比如宋朝著名词人姜夔在《白石道人诗说》中讲道："作大篇尤当布置：首尾匀停，腰腹肥满。"强调了在写作时要注意结构的布局，首尾要匀称，而中间内容则要丰富饱满。这里面就含有总分总的意味。在西方文化中，有一种经常使用的结构是：Introduction、Body、Conclusion，即介绍或序言、主体内容、结论，也有总分总的特点。

总分总逻辑，可以说是人们最早发现的全景逻辑，体现了"要事先说"的伟大思想，践行了全景思维"从全景中来，到全景中去"的基本理念，创建了"先给全景，再行展开，最终回归全景"的逻辑结构。

总分总逻辑的两个"总"凸显了全景的呈现和首尾的呼应，而它的"分"则可以视为一种"逻辑结构的容器"，可以"装下"其他任何类型的逻辑，也就是说，可以用其他任何类型的逻辑来展开具体的分述或分析，这就为一切其他逻辑的综合应用留下了发挥的空间。从这个角度上看，总分总是一种具有无限包容性的逻辑。

总分总逻辑在思考和呈现等场景中都发挥了极其重要的作用。当人们亟须了解总观点或总立场时，它为受众提供了逻辑指引；当人们需要支持和证明这个观点或立场时，它提供了合理的论证结构；当人们听了一大堆具体分析而感到晕头转向时，它又以一个清晰的总结把受众拉回全景。

载入史册的著名演讲，基本上都是以总分总逻辑为全景框架。下面我们看几个案例。

案例2-1-1：葛底斯堡演说

1863年，美国总统林肯在葛底斯堡国家烈士公墓落成典礼上发表《葛底斯堡演说》。

演讲的开头部分是"87年前，我们的先辈们在这块陆地上缔造了一个新的国家，它孕育于自由之中，并奉行人人生而平等的主张"，开篇就奠定了自由、平等的主题和基调。

主体部分是"现在我们正处于一场伟大的内战之中，考验着这个国家或任何有此信仰和主张的国家，能否长久地存续下去"，接着展开具体论述。

结尾部分则表明"绝不会让逝者白白牺牲"，要使国家"得到自由的新生"，"要使这个民有、民治、民享的政府永世长存"。这句总结和开头形成了鲜明有力的呼应。

这篇演讲以简洁、精准的语言，表达了林肯对内战和自由、平等的看法，其总分总逻辑为受众提供了明确的信息接收路线和逻辑框架，使得主题更加突出和有力。

案例2-1-2：我有一个梦想

1963年，美国黑人民权运动领袖马丁·路德·金发表《我有一个梦想》的演讲，由三部分组成：开头部分是"今天，我很高兴和大家一起参加这次即将成为我国历史上为了争取自由而举行的最伟大的示威集会";主体部分是关于"我有一个梦想"的具体阐述；结尾部分是自由之声响彻各地，"我们终于自由了"。

这篇演讲以感人肺腑的语言表达了马丁·路德·金对自由和平等的追求，其总分总逻辑突出了主题和核心观点，也让受众感受到他的真挚情感和诚挚呼吁。

总分总逻辑看上去非常简单，甚至有些单调，好像只能应用在议论文、工作报告等偏理性的文体中，实则不然，在诗歌、散文等偏感性的作品中，也经常能看到应用总分总逻辑的佳作，朱自清的散文《春》就是一个例子。

案例 2-1-3：《春》

文章的开始，用两个叠词表达了人们对春天的盼望，并用拟人的手法描绘了春天随着东风应约而来的场景。

接着，运用多种修辞手法对具体场景进行了描绘：刚刚睡醒的山、水和太阳，偷偷钻出泥土的软绵绵的小草，热热闹闹的果树，五颜六色的花儿，嗡嗡闹着的蜜蜂，飞来飞去的蝴蝶，遍地的野花，带着清香的柔风，润湿的空气，呼朋引伴、唱出婉转曲子的鸟儿，牛背上吹着短笛的牧童，像牛毛、像花针、像细丝的雨，绿得发亮的树叶，黄晕的灯光，安静和平的夜晚，乡下的小路和石桥，伞下慢慢行走的人，披蓑戴笠的农夫，静默的草屋，天上的风筝，地上的孩子，舒活筋骨、抖擞精神、各忙各事的人们……

最后，是三个比喻与拟人手法共用的排比句，总结了春天的三个特征：像新生娃娃一样的欣欣向荣和勃勃生机，像小姑娘一样的美丽动人和活泼开朗，像健壮青年一样的钢铁意志和顽强生命力。

我们用总分总逻辑来分析一下这篇经典的文章。

文章的第一段，简简单单的一句话就为我们勾勒出了春天如少女般悄然而至的全景画面。因此，这一段是全文的第一个"总"。

后面的六段文字，乍一看，仿佛是对事物和人物散乱的罗列，可为什么我们非但没有感到厌倦，反而读得津津有味儿？这就是"形散而神不散"的魅力。这里的"神"，一是春天的全景框架，所有的事物和人物都是在这个框架之下的分述，都是这个全景画面的组成部分；二是，每个段落所分述的画面其实也有逻辑可循，每一段文字就是一幅完整的图画，每幅画上的事物或人物都是发生在特定的时间和空间的，不能调换到别的画面上去。因此，这六段文字实际上就是六幅小全景，在隐形的"神"的牵引下，组合成了一幅春天的大全景。

最后一段，是第二个"总"，既是对前面内容的收尾，也是对春天的总结与升华。如果说，开篇第一段为春天赋予了生命，后面六段从不同的时空角度为春天赋予了灵动性，那么，最后这三段排比句则为春天赋予了灵魂和品格。

这篇文章之所以成为经典之作，除了思想和逻辑之外，当然也要归功于作者精巧的构思、清新的文风、细腻的笔触，以及多种修辞手法的综合运用。

通过这个案例，我也想说明这样一个观点：总分总逻辑，以及金字塔逻辑、问题逻辑等各种逻辑，看上去都是约束性的规则，有人甚至认为是无聊枯燥的八股文，但事实上，如果我们同时拥有了新颖的思想观点、高质量的内容、纯熟的表达技巧，再加上精湛的逻辑驾驭能力，就会创造出不凡的作品，乃至精品。

通过上面这些案例，我们可以领略到总分总逻辑的基础性、通用性和包容性。也正是这些特质，使它成为了许多后续逻辑或理论模型的基石。无论这些后续逻辑如何重组、变化，都或多或少地拥有总分总逻辑的影子。因此，总分总逻辑逐渐成为了一种永恒的思维方式，人们以其为蓝本，不断地推陈出新。

本节内容要点

1. 有些逻辑具有自然天成的属性，有些逻辑则是人为设计出来的。

2. 总分总逻辑是构建和呈现全景最基础的逻辑，也是一种具有无限包容性的全景框架。

3. 总分总逻辑的基本思想是先呈现一个总体观点，然后再进行具体的阐述，最后再回归总体观点。

4. 总分总逻辑体现了"要事先说"的伟大思想，践行了"从全景中来，到全景中去"的基本理念，创建了"先给全景，再行展开，最终回归全景"的逻辑结构。

5. 总分总逻辑的"总"凸显了全景的呈现和首尾的呼应，而"分"则可以视为"逻辑结构的容器"，因此，它是一种具有无限包容性的逻辑。

6. 载入史册的著名演讲，基本上都是以总分总逻辑为全景框架。

7. 在偏理性和偏感性的文体中，都能运用总分总逻辑创造出佳作。

8. 如果同时拥有新颖的思想观点、高质量的内容、纯熟的表达技巧、精湛的逻辑驾驭能力，就会创造出不凡的作品，乃至精品。

9. 总分总逻辑具有基础性、通用性和包容性，这些特质使它成为了后续逻辑或理论模型的基石。

第2节　金字塔逻辑：化繁为简的逻辑典范

简单是最高级的复杂。

——达·芬奇

本节主要探讨构建和呈现全景的另一种重要的基础逻辑——金字塔逻辑。相信大家对"金字塔逻辑"早已不觉得陌生，它在职场上已经得到了很多年的普及，成为了"流行的象征"，以至于本书在前面也多次以金字塔逻辑来举例。

从全景思维的角度看，金字塔逻辑是一种最常用的全景逻辑。其核心思想，是把各种素材按照一定的顺序、一定的逻辑标准组织成像金字塔一样的逻辑结构，有塔顶、塔身、塔底等，纵向看既有自上而下的正金字塔，也有自下而上的倒金字塔，横向看则有逻辑清晰、符合MECE原则的分类分组。通过这种纵横结合的金字塔结构，也是我们常说的结构化思维方式，来向受众呈现出一幅逻辑清晰的全景。金字塔逻辑既能帮助思考者和呈现者自己做到想清楚、说明白，也能帮助受众迅速抓住核心结论和关键信息。

我在管理咨询工作中亲自实践应用金字塔逻辑很多年，同时也是以"金字塔逻辑训练"为核心课程之一的管理培训师。在工作中，经常有学友问到关于金字塔逻辑与总分总逻辑之间关系的问题。

例如,"金字塔原理,不就是连小朋友都知道的总分总嘛,太简单了,有什么难的?"问这类问题的时候,学友通常都带着或多或少的不屑表情,似乎金字塔逻辑等同于总分总,而"总分总"是我们在小学时就整天被语文老师念叨得耳朵起茧子的、老掉牙的一个词儿。既然是小学生都会的东西,那又有什么难的呢?这代表了一部分人对金字塔逻辑的一种看法,即这种逻辑太简单了,没什么稀奇。

也有学友提出的问题是:"金字塔原理与总分总逻辑有什么关系或区别?"这类学友通常是带着真诚的表情,希望了解和探索两者之间的异同点,更希望在金字塔逻辑的应用方面有更多的收获。

关于金字塔逻辑和总分总之间关系的问题,我想先暂时放一下,在探讨完金字塔逻辑的本质特征之后,在本节最后再将两者进行一些简单的对比。

先说金字塔逻辑是不是过于简单的问题。要想回答这个问题,我们有必要先了解其理论来源及提出这种逻辑的背景和出发点。

金字塔逻辑来源于经典著作——《金字塔原理:思考、表达和解决问题的逻辑》,其作者芭芭拉·明托是世界上最著名的管理咨询公司——麦肯锡咨询公司的一位资深管理咨询顾问。

说金字塔逻辑来源于麦肯锡和明托,更确切地讲,不如说来源于管理咨询顾问的工作场景。由于对这些工作场景缺乏足够的了解,部分读者可能会对金字塔逻辑产生一些误解。

管理咨询顾问的工作,主要是通过项目的形式,以项目组为单位,深入客户企业现场,运用专业逻辑、方法论、相关技术和工具等,开展现状调研和组织诊断,对关键问题进行深入分析,提出系统性的解决方案规划和建议。管理咨询顾问通常以PPT为核心载体进行报告写作、沟通交流和商务汇报演示，但工作的本质是问题分析和解决。因此，《金字塔原理》一书的副标题是"思考、表达和解决问题的逻辑"。

长期以来，管理咨询公司普遍存在三个令人头疼的难题：项目组成员之间的协同问题、咨询公司内部的知识共享问题和客户之间的沟通问题。

先看第一个，项目组成员之间的协同问题。

管理咨询项目组由顾问团队构成，小项目通常有数人，大项目可能有数十人。大家通常会分别负责同一个报告不同部分的研究、思考与写作工作。项目经理和组员都是来自重点院校的高才生，或者曾是企业的管理层和专业精英，思考问题、撰写报告往往各有各的观点，各有各的逻辑和风格，因此，每当项目组共同研讨问题或者进行报告整合的时候，大家经常争论不休，达成一致的时间很长，过程也很艰苦。这时，如果能有一种相对统一且简单易理解的逻辑结构，让项目组成员都统一遵守，就会大大减少团队成员之间的内耗，从而提高工作效率。

再看第二个，咨询公司内部的知识共享问题。

一个项目组尚且如此，那么，一个大型咨询公司往往拥有成百上千名专业顾问（有的顾问还遍布全球各个国家），公司内部协同和知识共享的难度也就可想而知了。

管理咨询公司的产品不是有形产品，而是无形的知识，包括理论模型、专业技术、解决方案、思想观点等。经过多年发展，咨询公司都会积累大量的项目报告作为知识文件，而这又是咨询公司最为宝贵的知识财富和核心专业技术。

想想看，如果不同项目组贡献的报告逻辑都是五花八门的，那么，这些成千上万的资料、文件，在被其他同事阅读、理解、借鉴时，势必也会大大增加工作量，浪费时间和资源。所以，咨询公司非常迫切地需要用统一且简单的逻辑结构在公司内部实现基本逻辑的标准化。请注意，这里说的是"基本逻辑"，管理咨询工作非常复杂，在为不同企业分析和解决问题时往往会用到复杂多样的专业逻辑，所以只能把基本逻辑进行相对的标准化和统一化，无法而且也不需要对这些复杂多样的专业逻辑进行标准化和统一化。

最后看第三个，和客户之间的沟通问题。

管理咨询公司的工作，本质上是为客户提供专业服务，帮助客户发现问题、界定问题、分析和解决问题。因此，项目组的观点、解决方案等，都必须清晰地表达给客户，获得客户的理解和认可，这才是最终的目标，也是一个需要双方互动的过程。在这个过程中，咨询顾问希望和客户更多地聚焦于对项目内容进行讨论，而不是花太多时间向客户解释过于复杂的逻辑，这样容易造成彼此纠缠不清、内耗太大。

我曾经遇到过一个项目，因为项目组和客户负责人在制度文件的呈现逻辑方面经常有差异，因此双方通常都要花费很多时间来辩论采用哪一方的逻辑，而不是重点讨论内容本身，这对双方来说都造成了很大的精神消耗和时间消耗，严重影响了双方的工作热情和合作关系。这并不是说讨论逻辑不重要，当然重要，只是如果讨论逻辑与讨论内容的时间比例分配不当，就会影响内容的质量。

在了解了管理咨询公司普遍存在的三个共性难题之后，我们再把视角拉回到芭芭拉·明托作为一名管理咨询顾问所面临的个人难题上，这同样也是每位咨询顾问都会遇到的个人难题，实际上属于上面第三个难题——

"和客户之间的沟通问题"。

当年，明托发现她在撰写报告时，很难将思想清晰而有条理地表达出来，在公司里也没有找到合适的模板或指南来帮助自己，当时的出版物中也很少有关于如何有逻辑地组织思想的书籍。于是，她开始自己去探索，尝试将她的思想划分成一些小部分，并且按照逻辑顺序将它们组织成一个金字塔形结构。事实证明，这样的结构让她的思想更加清晰有条理，也让她更加容易将这些思想传达给客户。

后来，明托将金字塔原理引入麦肯锡公司，很快便成为麦肯锡的标准工具和重点培训课程之一。它不仅能够帮助管理咨询顾问解决个人所遇到的逻辑难题，也能够帮助项目组和公司缓解上述三个难题。

1973年，《金字塔原理》首次出版，这种逻辑和思考方法也从管理咨询界逐渐推广到各个国家的各行各业，成为人们提高思考、表达和解决问题能力的必修课之一。直到今天，《金字塔原理》依然是一本畅销书，被广泛地应用于各个领域。

了解上述背景之后，我们可以发现，金字塔逻辑诞生的目的和初衷之一就是要把复杂的逻辑简单化，使之更容易理解，从而减少内耗，实现更加高效的协作。所谓"大道至简"，达·芬奇也认为"简单是最高级的复杂"，金字塔逻辑本身就是化繁为简的典范，那么，我们又怎么能反过来去质疑它是一种简单的逻辑，或者因为其简单而感到不屑呢？

虽然金字塔逻辑是一种力图简单的逻辑，但是，也有很多读者表示看不懂《金字塔原理》这本书，特别是越到后面越给人一种似懂非懂的感觉。我想，其中一个原因就是，书里的很多内容和案例，可能都与管理咨询工作相关或是更适合国外的情境，而大部分的读者都不是管理咨询领域的专家，加之国外书籍翻译过来难免有一些难以理解的地方，所以会造成一些阅读障碍吧。

我之所以用大量篇幅介绍管理咨询顾问的工作场景和金字塔逻辑的产生背景，是为了让大家更透彻地理解其初衷和本质。下面，我将结合我的应用实践和讲课心得，总结一下金字塔逻辑的本质特征。需要注意的是，有些内容并不仅仅局限于《金字塔原理》这本书，而是有所延展。只有深刻理解和把握这些本质特征，我们在运用金字塔逻辑构建和呈现全景的时候，才能做到游刃有余。

关于金字塔逻辑的本质特征，我通常有以下两种表述方式：

第一种是提炼为两组、四个关键词："先说纲领，逐层分解；分类分组，逻辑标准"，分别说的是纵向结构和横向结构，如图2-2所示。

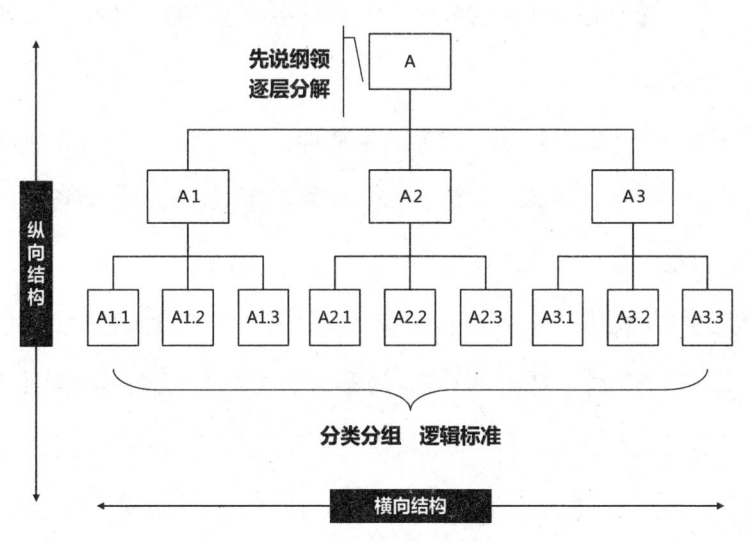

图2-2 金字塔逻辑的本质特征

第二种则提炼为四组、八个关键词："先总后分，总分成塔；枚举有限，分类为先；塔中有塔，逻辑循环；结语举要，主塔重现"，分别说的是纵向结构、横向结构、嵌套结构、对称结构。

下面，我以第二种表述为主线来谈一下金字塔逻辑的本质特征。

第一组词，"先总后分，总分成塔"，说的是纵向结构。

和总分总逻辑相同，金字塔逻辑首先强调的便是先总后分。在不同的场景下，"总"代表着不同的含义。例如，它可能是一个总主题、一句总结论、一个总目录、一个总目的、一张全景图，总之是一种全景概述。后面的"分"，是对"总"的分解或分述。这样，总分之间，就构成了自上而下的金字塔形结构。

第二组词，"枚举有限，分类为先"，说的是横向结构。

枚举，是指按顺序一个一个地表达。枚举有限，是指在一个金字塔中的子主题不要太多，通常以不超过7个为宜。这里的不超过7个，不是指一个完整的大金字塔中不超过7个，而是指每一层的每一个小金字塔下面的子主题都不超过7个。

如果超过7个，可以用三种办法来处理。第一种是把素材、信息、内容等再往上一个层次提炼、归类；第二种是删掉相对不重要的类别；第三种是用"其他"这个万能的词汇来代替。

分类为先，是指在枚举各项内容之前，有一个必须提前做好的工作，就是分类。分类思想，是金字塔逻辑的重要思想之一。我们在前面讲到，有些逻辑具有自然天成属性，有些逻辑则是人为设计创造出来的。分类逻辑是人们天生就具备的一种基本逻辑能力，因此可以视为一种自然天成的逻辑。

案例 2-2-1：幼儿自然天成的基本分类思想

根据研究发现：两岁以下的幼儿可以将物品按照功能、用途和材质等属性进行分类，三岁左右的幼儿可以将不同颜色的水果进行分类，四岁左右的幼儿可以按照字母顺序或数字顺序进行排序，五岁左右的幼儿可以将不同形状和大小的积木按照规则进行排列，六岁左右的幼儿可以将不同风格和主题的图画进行分类，七岁左右的儿童可以将生活中的事件按照先后顺序进行排序……

人人都会分类，但是，并不是人人都会高质量地分类。分类质量的高低，往往取决于选择了什么样的分类逻辑和分类标准。

案例2-2-2：对"人"和"事"进行分类

如果对"人"进行分类，有很多种分类方法。例如，男人、女人是分类结果，分类标准是性别；南方人、北方人也是分类结果，分类标准是地域。这样的分类标准是绝大多数人都会采用的标准，因此，性别、地域通常是一般水平的分类标准。

而《高效能人士的七个习惯》把"人"分成"主动积极的人"和"被动消极的人"两大类，其蕴含的分类标准是什么？是人们面对外部刺激的反应方式。基于这样的分类标准，将"人"分为主动积极的人和被动消极的人。又基于这样的分类结果，提出了主动积极的人具有"四大天赋"等经典概念。所以，如果没有"人们面对外部刺激的反应方式"这个分类标准，就不会诞生这些经典的理念。

同样地，书中提出了"影响圈"和"关注圈"的概念，其蕴含的基本逻辑是：把"事"进行分类，也采用了一个高质量的分类标准，即人对事的掌控能力。"影响圈"是一个人可以影响和控制的事，而"关注圈"则是一个人不能影响和控制，而只能关注的事。

很多著名的理论模型，也都是源于高质量的分类标准。我们必须拥有深刻的洞见和创新性的视角，才有可能发现与众不同的分类标准，由此构建与呈现令人耳目一新和印象深刻的类别全景。

说到分类，必然会说到 MECE 原则。我在国际管理咨询公司工作的时候，同事们总喜欢说："你这个观点 MECE 吗？"互相之间质询是否 MECE，已经成为我们的一种工作习惯和语言习惯。

那么，什么是 MECE 呢？就是"Mutually Exclusive, Collectively Exhaustive"，即"互不重叠，完全穷尽"，是指分类结果要不重叠、不遗漏。MECE 原则是金字塔逻辑的重要思想之一，是将一个总主题自上而下地分解成互不重叠的若干部分，并确保这些部分的总和能够完全涵盖总主题。

在实际应用中，经常会引发的一个争论点是：这个分类结果到底是不是"完全穷尽"的？其实，在很多时候，要想做到绝对完美的"完全穷尽"是不现实的，或者也是没有必要的，因为人们看待事物的角度、理解千差万别，总会对分类结果有不同的观点。所以，我们一方面要力求完全穷尽，另一方面，在某些场景下，如果确实只能实现相对穷尽，这时，只要不发生严重的逻辑漏洞，也就可以了。

第三组词，"塔中有塔，逻辑循环"，说的是嵌套结构。

塔中有塔，指的是金字塔中的每一层子主题还可以再往下一层不断地逐层分解，大金字塔嵌套着小金字塔，不断逻辑循环。

在实际应用中，要综合考虑构建这个金字塔的目的、不断往下逐层分解的成本（例如时间、精力）等因素，再决定分解到哪一层结束。一个基本原则是：只要能实现构建这个金字塔的目的，就不需要再继续往下分层了。

第四组词，"结语举要，主塔重现"，说的是对称结构。

在结束的时候，要进行总结回顾、重申、重现全景，和金字塔顶端的"总"形成对称。这和总分总的第二个"总"是同样的意思。

金字塔逻辑的内涵非常丰富，但由于本书并非专门解读金字塔逻辑，所以只是点到为止，这里就不再赘述。

在本节结束之前，我们再回到开始时的那个问题：金字塔逻辑与总分总逻辑的关系是什么？

任何一种思维方式，也许都不是完全的发明创造，而是基于已有思维方式的整合、改进或迭代。金字塔逻辑本质上也是一种总分总逻辑，二者都强调先说全景、再分述、再回归全景的逻辑框架。而金字塔逻辑，经由《金字塔原理》一书，提出了很多具体概念和操作原则，例如纵向结构、横向结构、序言结构、分类思想、逻辑顺序、MECE、SCQA等，以及在思考、表达和解决问题等场景下的丰富案例，使得这种逻辑更加体系化、规范化，更加生动、具体，更富有操作性和指导意义。因此，可以说，金字塔逻辑继承了总分总逻辑的精髓，并赋予后者更丰富的内涵和更多样化的生命力。

本节内容要点

1.金字塔逻辑是一种最常用的全景逻辑。核心思想是把各种素材组织成金字塔形的逻辑结构，从而向受众呈现逻辑清晰的全景。

2.金字塔逻辑既能帮助思考者和呈现者做到想清楚、说明白，也能帮助受众迅速抓住核心结论和关键信息。

3. 金字塔逻辑来源于《金字塔原理：思考、表达和解决问题的逻辑》，也来源于管理咨询顾问的工作场景。

4. 管理咨询公司普遍存在三个难题：项目组成员之间的协同问题、咨询公司内部的知识共享问题和客户之间的沟通问题。金字塔逻辑能够帮助缓解这三个难题。

5. 金字塔逻辑帮助管理咨询公司实现基本逻辑的标准化和统一化。但是，无法而且也不需要对复杂多样的专业逻辑进行标准化和统一化。

6. 金字塔逻辑诞生的目的和初衷之一是把复杂的逻辑简单化，使之更容易理解，从而减少内耗，实现更加高效的协作。

7. 金字塔逻辑是化繁为简的典范。

8. 金字塔逻辑本质特征的第一种表述方式："先说纲领，逐层分解；分类分组，逻辑标准"，分别说的是纵向结构和横向结构。

9. 金字塔逻辑本质特征的第二种表述方式："先总后分，总分成塔；枚举有限，分类为先；塔中有塔，逻辑循环；结语举要，主塔重现"，分别说的是纵向结构、横向结构、嵌套结构、对称结构。

10. 不超过7个，是指每一层的每一个小金字塔下面的子主题都不超过7个。

11. 分类思想是金字塔逻辑的重要思想之一。分类质量的高低，往往取决于分类逻辑和分类标准。

12. MECE原则是金字塔逻辑的重要思想之一，是将一个总主题自上而下地分解成互不重叠的若干部分，并确保这些部分的总和能够完全涵盖总主题。

13. 是否继续往下一层分解，要综合考虑构建金字塔的目的、分解的成本（例如时间、精力）等因素。

14. 金字塔逻辑继承了总分总逻辑的精髓，并赋予后者更丰富的内涵和更多样化的生命力。

第3节　问题逻辑：探究问题本质的手段

我没有什么特殊才能，只不过是喜欢寻根刨底地追究问题罢了。

——爱因斯坦

本节主要探讨三个问题：第一，问题逻辑的最优结构和次优结构是什么；第二，问题逻辑最优结构的价值是什么；第三，问题逻辑中的"问题"包括哪些类型。

前面已经指出，问题逻辑的最优结构是：提出问题—给出答案—分析过程。答案也是一种结论，因此，最优结构是符合总分总逻辑与金字塔逻辑的。

问题逻辑的次优结构是：提出问题—分析过程—给出答案。一般情况下，不推荐使用次优结构。下面是两篇被称为"标题党"的文案节选，看看这种次优结构给受众带来了怎样的感受。

案例2-3-1：致癌的食物

标题：竟然会致癌！你知道是哪些食物吗？

你是否吃过一些看起来很健康但其实含有很多致癌物质的食物呢？今天我们来谈一谈这个话题，看看这些食物到底有哪些，千万别错过！

事情还要从数年前那个故事说起。有一天……（具体内容略）

案例 2-3-2：拍了十年的电影

标题：这个电影居然拍了十年，你知道是哪一部吗？

一部电影如果拍了十年，那会是一个怎样的作品？它是否值得我们花费这么多时间去等待呢？今天，我们为你揭晓这个秘密。

但在开始之前，我们先看看那些很快就拍好的电影……（具体内容略）

看到了吗？问题逻辑的次优结构就是如此糟糕。糟糕之处并非仅仅是缺乏与吸引眼球的标题相对应的实质性内容，更重要的是，这样的结构不符合金字塔逻辑，也违反了人们获取和理解信息的正常逻辑——本来已经准备好了要接收有哪些致癌食物的信息，结果却突兀地转到了数年前的一个故事，并且花了大量的时间来阅读这个故事，之后才回归主题。

即使是逻辑严谨的专业人士，有时也会出现类似的错误。案例 2-3-3 是一位合规专家的论文片段，文中提出"企业合规是否等于内部控制"这个问题之后，没有直接回答，而是洋洋洒洒地展开了将近 2000 字的论述，最后才给出答案。

案例 2-3-3：企业合规是否等于内部控制

在推进合规体系建设的过程中，一些企业将企业合规等同于风险防控或者内部控制，甚至主张将合规部门设置在风控部门之下。那么，企业合规是否等于内部控制呢？

其实，企业合规本质上是对合规风险的防控体系。研究合规的性质，

需要厘清以下问题……（省略将近两千字）

企业合规不等于一般意义上的内部控制，而属于针对企业合规风险所建立的内部治理体系。

不仅是撰写文案或专业文章，人们在日常生活中，不恰当地运用次优结构的例子也很多。例如下面朋友之间的闲聊。

案例 2-3-4：朋友之间的闲聊

A：昨天我遇到了一件特别好玩的事儿，你想知道吗？

B：哦，快告诉我是什么。

A：昨天我在市中心逛街，路过一家新开的书店。好长时间没去书店了，我就进去看了看。这家店里的书还真多，我看了一会儿，觉得时间有些晚了，还有点儿口渴，于是就出来想买杯饮料。这时，我看到咱们经常去的那家奶茶店正在做促销活动，就想凑个热闹买杯奶茶，但是排队的人实在太多了，我就犹豫要不要去排队……

B：拜托！到底发生了什么好玩的事儿呢？

A：别急，你听我慢慢说嘛，马上就讲到啦……

如果 A 在生活中一直是这种思考逻辑和表达逻辑，那么愿意耐心听他讲话的一定是真朋友。可想而知，A 在工作中也大概率会用这样的逻辑来思考问题和进行表达，因为我们往往对自己的逻辑模式具有认知盲区，并且无意识地应用到各个方面。

那是不是说，次优结构在任何情况下都不适用呢？不是的。在以下两种情况下，可以用最优结构，也可以考虑用次优结构：第一种，分析过程的内容比较少，阅读或倾听分析过程所花费的时间比较短，而且在分析过程之后马上就给出答案；第二种，如果先了解分析过程，有助于更好、更透彻地理解答案，那么，可以在提出问题后，通过合适的语言过渡到分析过程，最后再给出答案。

除此之外，还是尽量使用问题逻辑的最优结构。例如，有不少网络编辑将最优结构用于文案写作，受到不少粉丝的喜爱。

案例 2-3-5：健康的减肥方法

你知道如何才能健康地减肥吗？其实减肥并不是什么难事，关键是控制好饮食和运动量。接下来，我会为大家分享一些减肥饮食的小技巧，和一些简单易行的运动方法，让你健康减肥，轻松瘦身！

案例 2-3-6：在工作中获得成就感的方法

如何在工作中获得更多的成就感呢？每个人都有不同的观点，我的看法是：关键在于把工作当作自己的事业，认真投入其中。下面，我会讲一个自己的故事来说明这一点……

案例 2-3-5 和案例 2-3-6 都是在提出问题之后，马上就给出答案，再进入细节内容，非常符合现代人快节奏、不啰唆的思维习惯。

问题逻辑最优结构的价值，除了能快速获得答案之外，还有一个是："分析过程"和总分总、金字塔逻辑中的"分"一样，也是"逻辑结构的容器"，可以用其他任何类型的逻辑来展开具体分析，以探究问题的本质。

下面看几个例子。

案例 2-3-7：《我为什么而活着》

英国哲学家伯特兰·罗素在《罗素自传》中，用一个富含哲学思考的问题作为序言标题——《我为什么而活着》。

文章一开始，罗素就直接给出了问题的答案："对爱情的渴望，对知识的追求，对人类苦难不可遏制的同情，这三种纯洁但无比强烈的感情支配着我的一生。"这就是他之所以活着的三个主要驱动力。

接着，罗素针对这三个驱动力又展开进一步的分述：渴望爱情的三个原因、追求知识的三方面内容、同情人类苦难的具体场景。

最后，罗素用"这就是我的一生"呼应开头，并认为自己"值得活着"，表明"如果有机会，还乐意再活一次"的心声。

罗素的序言就是一篇观点鲜明、逻辑紧凑、短小精悍，且感情丰沛、文笔优美的散文和随笔，总结了自己之所以活着的驱动力。在应用问题逻辑的同时，他综合应用了总分总逻辑和金字塔逻辑展开具体阐述。

作为伟大的哲学家，罗素在"这是一只猫吗"的哲学论述中，则将问题逻辑与通常的论文逻辑进行了结合应用。

案例 2-3-8：这是一只猫吗？

这段论述的结构是：

（提出问题）如何确定一只猫是一只猫？

（给出答案）我们需要指定一组特征，这些特征只有猫才有，并且这些特征在每只猫身上都存在。

（分析过程）通过探讨不同的特征，解释答案并探讨这个问题的哲学含义。

另一位著名的哲学家苏格拉底也很擅长使用问题逻辑。他在提出一个核心问题之后，采用与不同人进行大量对话的方式来开展论述和分析，这种方法被称作苏格拉底提问法。

案例2-3-9：什么是美德？

苏格拉底提出了一个问题："什么是美德？"他给出答案，并通过与不同人进行对话的方式来探讨这个问题，不断将思考推向更深入的层次。这个问题逻辑的结构是：

（提出问题）什么是美德？

（给出答案）美德是一种内在的品质，这种品质使人们成为更好的人，而不是仅仅为了得到某种奖励或避免惩罚而行事。

（分析过程）通过不断对话与探讨，逐渐深入探究美德的本质及其价值。

苏格拉底提问法，通常包括六个步骤，通过不断提出问题来推进深入思考，从而不断地拓宽思路，不断地接近本质：

（1）澄清问题。例如，这个概念是什么意思？你具体指的是什么？

（2）探讨背后的假设。例如，你为什么会这么想？这样想的假设是什么？为什么会作这样的设想？你如何证明或推翻这个假设？

（3）探究背后的原理。例如，你是如何得出这个结论的？是什么让你相信这个观点的？能解释一下原因吗？能不能怀疑这个结论？

（4）开拓思路，从不同视角看问题。例如，其他人可能怎么看？支持这个结论的人会怎么看？不支持的人会怎么看？A 和 B 的观点在哪些地方一致、哪些地方不一致？他们的共同点或相似点是什么？别的不同的观点可能会是什么？还有其他的可能吗？

（5）探究可能的结果。例如，这会带来什么样的结果或影响？如果那样的话，还有可能发生其他的什么事情吗？

（6）回归最初的问题。经过上面五个步骤的提问与回答，被提问者此时已经可以更深层次地思考最初的那个问题，由于更接近本质或真相，因此也会得到更高层次的认知或答案。

案例 2-3-7、案例 2-3-8 和案例 2-3-9 都说明了问题逻辑的"分析部分"是"逻辑结构的容器"，可以用任何类型的逻辑来展开具体分析，以探究问题的本质。案例 2-3-7，采用了总分总逻辑和金字塔逻辑；案例 2-3-8，采用了通常的论文逻辑；案例 2-3-9，采用了问答、对话的逻辑。

通过上面众多案例可以看出，问题逻辑的最优结构，是先把主题用"问题"的形式提出来，引发受众的兴趣，再接着给出答案，最后给出分析过程，从而解答受众的困惑。

如果我们继续深究，会引出另一个话题——问题逻辑中所说的"问题"，包括哪些类型？

在中文语境中，"问题"这个词的含义是多种多样的，例如：

（1）那里围了很多人，看看出了什么问题？

（2）你能回答我的问题吗？

（3）周末完成没有问题。

（4）造成这样的结果完全是你的问题。

（5）怎么解决员工士气不高的问题？

（6）寻找供应商的问题，你去解决一下。

（7）问题本身不是问题，发现不了问题才是问题。

可见，在不同语境中，"问题"这个词至少有以下几种含义：

（1）事件（那里围了很多人，看看出了什么问题）；

（2）风险（周末完成没有问题）；

（3）任务（寻找供应商的问题，你去解决一下）；

（4）疑问（你能回答我的问题吗）；

（5）差距或不足（造成这样的结果完全是你的问题；怎么解决员工士气不高的问题；问题本身不是问题，发现不了问题才是问题）。

那么，问题逻辑中的"问题"到底是哪种含义呢？它主要包含了两种含义，一种是疑问（Question），另一种是差距或不足（Problem）。如图2-3所示。

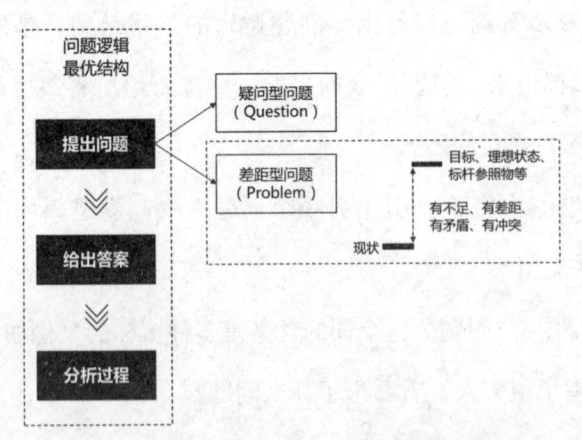

图2-3 问题逻辑的最优结构与问题的类型

本节前面的案例，都属于疑问型问题（Question）。例如，哪些食物致癌？企业合规是否等于内部控制？如何在工作中获得更多的成就感？我为什么而活着？这是一只猫吗？什么是美德？

在前面章节中提到的另一些案例，则属于差距型问题（Problem）。例如，如何提高销售团队的绩效？如何提高公司产品市场份额？差距型问题的基本特点是：现状与目标、期望的理想状态、标杆参照物等相比，存在着不足和差距，这样就产生了矛盾和冲突。这些矛盾和冲突就是差距型问题。

差距型问题除了适用最优结构之外，其逻辑精髓和真正的难点在于"分析过程"，也就是我们常说的"问题分析和解决"——如何透过复杂的现象看透本质并准确发现问题，如何用精准的语言描述和界定问题，如何用专业逻辑和专业方法分析问题，如何规划设计解决方案等。在本书第4章，我们将结合全景思考原则，对如何分析和解决差距型问题进行更深入的探讨。

本节内容要点

1. 问题逻辑的最优结构是：提出问题—给出答案—分析过程，是符合总分总逻辑与金字塔逻辑的。

2. 问题逻辑的次优结构是：提出问题—分析过程—给出答案，不符合金字塔逻辑，也违反了人们获取和理解信息的正常逻辑。

3. 如果分析过程的内容比较少，阅读或倾听分析过程所花费的时间比较短，或者，如果先了解分析过程，有助于更好、更透彻地理解答案，可以考虑用次优结构。除此之外，一般不推荐使用次优结构。

4. 问题逻辑最优结构的价值：第一，快速获得答案；第二，"分析过程"是"逻辑结构的容器"，可以用其他任何类型的逻辑来展开具体分析，以探究问题的本质。

5.苏格拉底提问法包括六个步骤，通过不断提出问题来推进深入思考，从而更接近本质或真相，得到更高层次的认知或答案。

6.问题逻辑中的"问题"包括两种类型：疑问型问题（Question）和差距型问题（Problem）。

7.当现状与目标、理想状态、标杆参照物等之间存在不足和差距，产生了矛盾和冲突，就是差距型问题。

8.差距型问题的逻辑精髓和真正难点在于"分析过程"，即如何发现问题、界定问题、分析问题和解决问题。

第4节　图观全景：用全景图说话的逻辑

一图胜千言。

——谚语

如果有朋友问："从 A 到 B 怎么走？"这是一段距离很远、行程也有些复杂的路程。我们是发给他一大堆难以表述清楚的文字，还是发给他一张清晰的地图截图，或者干脆直接说："朋友，你自己不会查地图 App 呀？"

如果领导在下班时突然说："小张，明天一早要召开跨部门工作会议，咱部门需要你用 10 分钟时间讲讲你所负责的项目。辛苦一下，今天晚上给我一个初稿，让我先看看。"小张是发给领导一篇文字？还是一张项目进展全景图，同时配有简短的说明？

估计大部分人都会更愿意选择用图示的方式。因为图示能更加简明、直观地表达我们的思想。

谚语说"一图胜千言"，职场上也流行着"字不如表，表不如图""用图表说话"的工作规则。图示，是和全景思维关系最直接、最密切的一种逻辑呈现形式。本节的标题命名为"图观全景"，就是指要用图示来构建和呈现全景，用全景图来说话。

本节综合应用总分总逻辑、金字塔逻辑和问题逻辑来讲述，将总主题

"图观全景"分解为五个子问题：第一，什么是图示逻辑？第二，有哪些类型的图示？第三，如何将文字转换成图示？第四，如何评判一张图示的质量？第五，应用图示逻辑有哪些注意事项？下面，我们就逐一来看每个问题的答案。

1. 什么是图示逻辑？

图示逻辑是指用图形来构建和呈现逻辑关系。如果这种逻辑关系体现的是某种全景，那么，这张图示可称为全景图。如果这种逻辑关系非常简单或者单一、所涵盖的信息或要素也非常少，还称不上是某种全景的话，那么这就是一张普通的图示，还不能称为全景图。

图示逻辑与总分总逻辑、金字塔逻辑、问题逻辑不是并列的关系。这三种基础逻辑主要体现思考与呈现的逻辑顺序和逻辑重点，而图示逻辑则是逻辑的呈现形式，与语言逻辑是并列关系。这三种基础逻辑都可以用语言和图示来表达和呈现。

前面讲过，语言（口头和文字）是逻辑的线性呈现形式。如果语言中承载着全景思维，那么受众在接收到语言所传递的线性信息时，会在大脑中构建出或者还原出具有画面感、立体感的全景。最简单的例子就是，当人们说"我要分享三件事情，第一、第二、第三是什么"的时候，受众的脑海中就会自然而然地构建出一个包括三部分的全景。

尽管语言也能表达全景，但图示却是构建和呈现全景最有效的形式。据研究表明：大概有 70% 的人都属于视觉思维型，他们对图表的理解速度要远远快于对文字的理解速度。与平铺直叙的语言相比，图示的视觉化冲击效果是最直观、最有力量的。人们往往记不住一大堆文字，但是却能记住一张图示。所以，一张高质量的图示，胜过千言万语。当然，一张糟糕的图示，也会让人感到逻辑混乱，甚至不知所云。

2. 有哪些类型的图示？

常见的图示包括两大类：数据类图示和概念类图示。

数据类图示的核心信息是数据，能够体现数据之间的逻辑关系或数据全景。例如饼图、柱状图、折线图、散点图、雷达图等。

数据之外的信息，统称为"概念"（Concept）。概念类图示的核心信息是概念，能够体现概念之间的逻辑关系或概念全景。例如表示时间、流程、空间、对比、因果、包含、并列等各种逻辑关系的图示，以及由此衍生、组合出来的复杂逻辑关系的图示。

看一张图示，主要是看其思想内容和逻辑关系，因为它们才是内核，而外观只是躯壳。无论是从上到下或从下到上的金字塔形图，还是从左到右或从圆心到四周的思维导图，或是价值树、决策树、鱼骨图、矩阵图、九宫格、流程图等，以及人为设计创造的各种模型，这些林林总总的图示，大部分都属于概念类图示。

3. 如何将文字转换成图示？

这里主要讲文字转换成概念类图示的三个主要步骤。如图2-4所示。

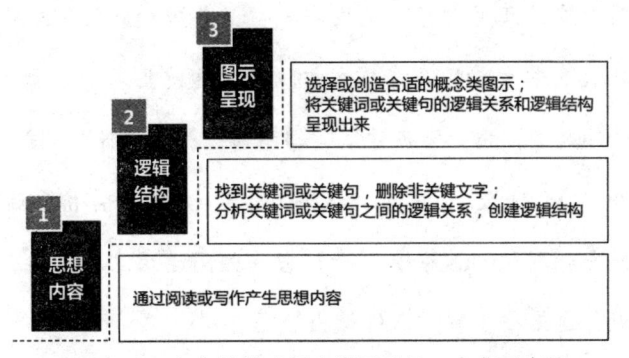

图2-4　文字转换成概念类图示的三个主要步骤

（1）思想内容。任何一个图示都是来源于某些思想内容，无论是阅读，还是撰写一篇文章或一段文字，或列出一个目录、大纲，总之，思想内容是最基础的信息。

（2）逻辑结构。找到思想内容中的关键词或关键句，同时不要被非关键文字困扰。然后，分析这些关键词或关键句之间的逻辑关系，创建出逻辑结构。在这个步骤中，对于同样的思想内容，不同的人可能会抓取不同的关键词或关键句，也可能会分析出不同的逻辑关系。

（3）图示呈现。选择或者创造合适的概念类图示，将关键词或关键句的逻辑关系和逻辑结构呈现出来。很多咨询公司、培训公司、科技公司、软件公司等，都贡献了许多通用的图示模板，可以直接套用或调整后使用。但是，也有很多复杂的思想内容或逻辑关系，必须由我们自己设计创造出相应的图示。

案例 2-4-1：人力资源管理部门的转型

在一次管理咨询项目中，咨询顾问经过调研，发现客户企业的人力资源管理部门存在下面的问题：大量工作为事务性工作，对战略性职能发挥不足。而此时，企业正是业务快速发展期，业务规模和组织规模都处于蓬勃成长的阶段，急需大量的高素质人才队伍，这就要求人力资源管理部门的功能定位必须转型，由"事务管家"转型为"业务伙伴"，同时由"独立作战"转型为"协作联盟"，成为企业整体价值链的一个高价值环节……

这些思想如何转化为概念类图示？咨询顾问运用"思想内容—逻辑结构—图示呈现"这三个步骤，最终做出了图 2-5：

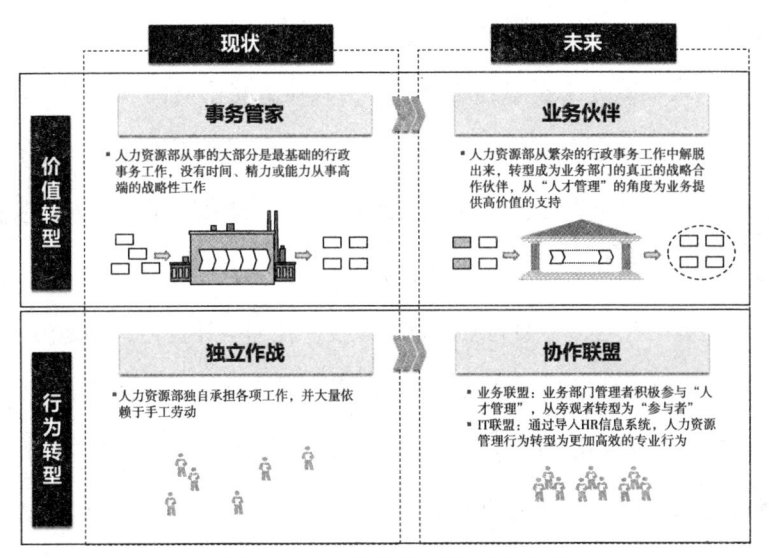

图2-5　人力资源管理部门的转型

4. 如何评判一张图示的质量？

对一张图示的质量进行评判，方法和维度有很多。如果与上面三个步骤相对应，可以从思想内容、逻辑结构和图示呈现技巧三个方面来评判。

思想内容方面，例如思想观点是否有高度，是否具有专业性、创新性，是否符合战略方向，是否可以落地实施，等等。

逻辑结构方面，例如是否通过合适的逻辑准确地表达了思想观点，受众是否会因为图示造成理解偏差或产生歧义，是否通过恰当的逻辑关系合理地展示了全景，是否考虑到了受众的逻辑习惯和受众的便利性，等等。

图示呈现技巧方面，例如图示是否与思想内容和逻辑匹配，是否美观大方，是否恰当运用了形状、线条、颜色等技巧，是否有创新性，等等。

5. 应用图示逻辑有哪些注意事项？

我把应用图示逻辑的注意事项总结为"三要三不要"。

要重思想、重逻辑，不要为了作图而作图。思想是最重要的，逻辑是其次的，形式是服务于思想和逻辑的。与其花大量的时间和精力去研究怎么作图，不如先花更多时间去提高自己的思想水平和逻辑能力，先有高质量的思想观点和高质量的逻辑结构，然后再去创造高质量的图示。哪怕没有能力做出一张精美的图示，也要有能力写出一句有洞见的观点。

要合理运用技巧，不要为了炫技而炫技。任何一种技巧，都是为了让重点内容更突出、逻辑结构更清晰、视觉效果更有力量、受众印象更深刻。如果某种技巧达不到这几种目的，那就需要重新思考是否有必要使用这种技巧。

要同时驾驭图示艺术与语言艺术，不要以为"一图在手，走遍天下"。虽然图示逻辑是如此重要，但是依然需要和语言逻辑配合使用。高水平的思考者和呈现者，同时一定是驾驭语言艺术和图示艺术的高手。

综上所述，就是本节关于"图观全景"的基本介绍，包括什么是图示逻辑、有哪些类型的图示、如何将文字转换成图示、如何评判一张图示的质量、应用图示逻辑有哪些注意事项等五个子问题。随着我们在思想、逻辑和技巧方面的不断训练和探索，将越来越能通过高质量的图示构建和呈现高质量的全景。

本节内容要点

1. 图示能更简明、直观地表达思想，是和全景思维关系最直接、最密切的逻辑呈现形式。

2. 图示逻辑是指用图形来构建和呈现逻辑关系。

3. 如果图示所构建和呈现的逻辑关系能够体现某种全景，那么，可称之为全景图，反之则不能称之为全景图。

4. 大部分人对图表的理解速度要远远快于对文字的理解速度。

5. 一张高质量的图示，胜过千言万语。

6. 数据类图示体现数据之间的逻辑关系或数据全景，概念类图示体现概念之间的逻辑关系或概念全景。

7. 看一张图示，主要是看其思想内容和逻辑关系，因为它们才是内核，而外观只是躯壳。

8. 文字转换成概念类图示的三个主要步骤：通过阅读或写作产生思想内容，分析关键词或关键句之间的逻辑关系并创建逻辑结构，选择或创造合适的图示呈现逻辑关系和逻辑结构。

9. 可以从思想内容、逻辑结构和图示呈现技巧三个方面评判图示的质量。

10. 要重思想、重逻辑，不要为了作图而作图。

11. 要合理运用技巧，不要为了炫技而炫技。

12. 要同时驾驭图示艺术与语言艺术，不要以为"一图在手，走遍天下"。

第5节　全景智慧：释放逻辑灵性与灵感

世界上唯一不变的是变化本身。

——斯宾塞·约翰逊

不论是哪种逻辑，都有一定的约束性的逻辑规则。那么，有人就会心生疑问：这岂不是八股文？用这么多规则进行约束，是不是太死板？

每一种逻辑之所以成为区别于其他类型的经典逻辑，恰恰是因为拥有这些具体的逻辑规则。就像在精神世界有精神定力、企业战略有战略定力一样，我们在应用某种逻辑时，也要尽量遵循这些基本的逻辑规则，这就是逻辑定力。但是，这些看似固定不变的逻辑规则，当嵌套了不同主题、不同目的、不同思想内容，或者面对着不同受众的时候，它们的应用却是千变万化的，这就是逻辑智慧。逻辑定力与逻辑智慧——逻辑的不变与变化，使得逻辑的应用充满了灵性与灵感。

本节主要探讨在构建和呈现全景时，总分总逻辑、金字塔逻辑、问题逻辑与图示逻辑的应用智慧。这里的智慧，指的是在应用全景逻辑时，要根据具体的场景进行灵活的变化。为了便于理解，我总结为三条基本操作原则：主题为王、服务受众、时间边界。

先看第一条基本操作原则：主题为王。

内容、逻辑和形式都是为主题服务的。无论是思考和解决问题，还是表达和呈现，我们都要围绕某种主题，选择合适的逻辑来构建和呈现全景，进而实现某种目的。可见，主题及其蕴含着的目的，是逻辑与全景的根本指向。主题为王，就是指通过逻辑的灵活应用来更好地呈现思想观点，从而更好地达成主题。下面是三种比较常见的情况。

第一种情况，主题或思想观点已经确定，但逻辑类型可以灵活选择。在这种情况下，既可以单独使用某种逻辑，也可以灵活地组合应用某几种逻辑。案例 2-5-1 是一个调研报告的案例，主题是员工满意度调研的关键发现及解决建议。报告综合应用了总分总逻辑、金字塔逻辑、问题逻辑、图示逻辑，以及专业的分析逻辑。

案例 2-5-1：员工满意度调研报告

公司自今年年初搬迁新址后，各部门反映员工的满意度和工作士气有所下降，核心部门也出现了骨干员工离职的现象。为了尽早发现公司在管理中存在的问题，采取有效措施提升员工满意度和工作士气，企业管理部和人力资源管理部联合开展了为期一个月的"员工满意度"调研活动，发现在工作环境、薪酬福利和晋升发展三个方面存在问题和不足。本报告针对这三个方面进行分析，并提出 10 条解决建议。

1. 员工满意度调研工作方法

本次"员工满意度"调研活动为期一个月，过程及主要方法如图 2-6 所示：

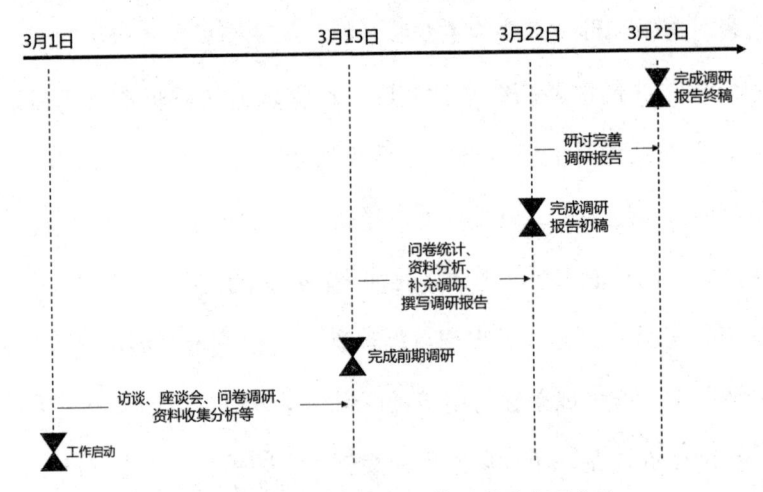

```
3月1日         3月15日      3月22日   3月25日
                                            ▽ 完成调研
                                              报告终稿
                                    研讨完善
                                    调研报告
                                ▽ 完成调研
                                  报告初稿
                        问卷统计、
                        资料分析、
                        补充调研、
                        撰写调研报告
                    ▽ 完成前期调研
           访谈、座谈会、问卷调研、
           资料收集分析等
      ▽ 工作启动
```

图2-6 员工满意度调研工作过程及主要方法

2. 调研发现的主要问题

（1）工作环境：员工对工作环境的满意度较低，主要体现在办公新址距离住处普遍较远、办公空间布局不太合理、公共环境卫生打扫不及时、噪声影响比较大。（具体内容略）

（2）薪酬福利：高达20%的员工认为公司的薪酬待遇存在不公平现象，福利水平与市场相比也有所不足。（具体内容略）

（3）晋升发展：员工对职业晋升通道和晋升机制不甚了解，普遍认为晋升机会有限、职业发展空间受限。（具体内容略）

3. 解决方案建议

针对上述问题，我们提出10条建议，如图所示：（具体内容略）

（1）改善工作环境的4条建议：a.合理安排公司班车，缩短通勤时间；b.重新规划办公空间，优化办公布局；c.对保洁供应商进行重新评估，并提出更高的工作要求；d.采取措施降低噪声。（具体内容略）

（2）优化薪酬福利的3条建议：a.委托第三方调研机构开展行业薪酬调

研，了解行业薪酬水平；b.公司内部组织开展薪酬福利体系的系统性调研、评估和改善；c.适当增加福利项目，例如体检、员工培训等。（具体内容略）

（3）优化晋升发展的3条建议：a.设立多元化的职业发展路径；b.制定明确的晋升标准和降级标准，创建能上能下的职业文化；c.鼓励员工参加培训和学习，以提升个人能力。（具体内容略）

以上内容是本次员工满意度调研中发现的三大问题及针对性的10条解决建议。通过改善工作环境、优化薪酬福利以及创造更多的晋升机会，有望提高员工满意度，增强员工士气，从而提升企业的组织竞争力。

在组合应用某几种逻辑时，通常会有一个或两个主逻辑，以及若干个辅助逻辑。内容越多，用到的逻辑种类往往也会越多。这也是为什么人们常把逻辑称为"结构"的原因之一——就像是一座复杂的建筑物，往往不是某一种单独的建筑结构多次重复的结果，而是需要不同的建筑结构互相作用，从而构建和呈现出建筑物的全景。

第二种情况，主题或思想观点、所适用的逻辑类型都已确定，但逻辑的呈现形式可以灵活选择。例如，如果已经确定用金字塔逻辑和图示逻辑作为主逻辑，那么在呈现形式上，既可以用从上到下的金字塔形图，也可以用从左到右的逻辑图，也可以用圆形、三角形、矩阵以及其他各种形式来创造全景图。

案例2-5-2：领导力评估结果

在一次领导力体系建设项目中，公司对中高层领导力进行了系统的盘点和评估。最后的评估结果，既可以用图2-7中的左图的形式，也可以用右图的形式来呈现。

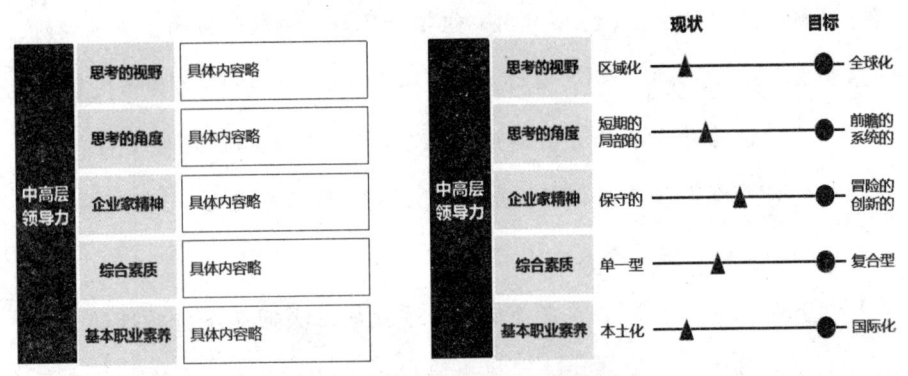

图2-7 领导力评估结果的呈现形式

第三种情况，主题或思想观点还没有完全确定，可以跟随逻辑的变化而变化。在这种情况下，可以尝试运用不同的逻辑类型或不同的逻辑细节来支持不同的主题或思想观点，从中选择最合适的或最佳的主题或思想观点。

案例 2-5-3：企业风险点

在一次梳理企业风险点的工作中，发现了 10 项风险点。假设决定用矩阵来构建和呈现风险全景，我们马上想到的就是重要紧急矩阵，观点可能是：某些风险点是最重要且最紧急的，所以要立即着手预防这些风险。但是，如果变换逻辑标准呢？就会得到与重要紧急矩阵不同的观点。例如图 2-8 中的两张图：

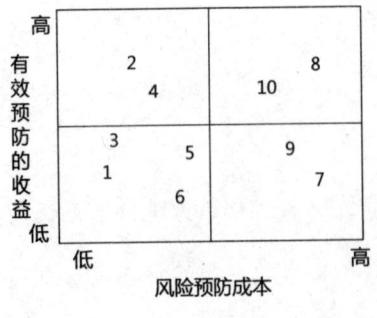

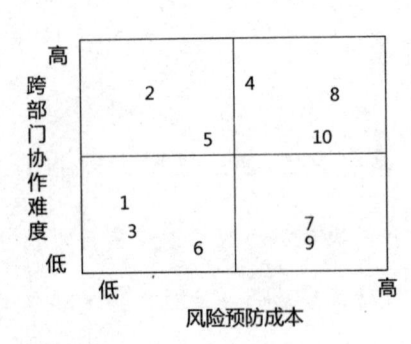

图2-8 企业风险点

左图的逻辑标准是风险点"有效预防的收益"和"风险预防成本"，由此得到的观点可能是：风险2、4的预防收益高且预防成本低，因此可以集中精力先开展风险2、4的预防工作。

右图的逻辑标准是风险点预防所需的"跨部门协作难度"和"风险预防成本"，由此得到的观点可能是：风险1、3、6的预防成本低，且跨部门协作难度也低，因此可以集中精力先开展风险1、3、6的预防工作。

这里仅为两种示例，我们可以举一反三地创造出多种全景图，从而得到更多的观点。可见，当逻辑类型不同或者逻辑细节（这个案例是逻辑标准）不同时，它所支持的主题或思想观点可能也会随之发生变化，有时甚至会发生质的升华。

现在再来看第二条"服务受众"。在第1章第5节中，我们说"全景呈现原则"有一条基本操作原则是"以受众为中心，勿忘全景呈现的目的——服务受众"。受众是如此重要，以至于在这里依然需要重提"服务受众"。

服务受众是逻辑应用智慧中最重要的一个原则，甚至比"主题为王"更加重要。在很多时候，根据受众的不同，我们可能需要表达不同的思想观点。怎样做到既坚持自己的基本立场，又要根据不同受众巧妙地表达恰当的观点，这需要更多的艺术和智慧。

案例2-5-4：企业风险点（续）

依然以企业风险点为例。如果关键受众是公司领导，需要他们做出相关决策时，左图就比右图更合适，因为领导更加关心预期收益和成本，而不会过于关注跨部门协作难度——这是过程中的事情，需要各部门负责人自己想办法去解决。

如果关键受众不是公司领导，而是各部门负责人，由部门负责人共同讨论优先开展哪些风险防范工作，那么右图则可能更合适。

谁是关键受众？在一对一沟通的场景下，这个唯一的受众就是关键受众。在有多个受众的场景下，数量占比为大多数的受众，或者数量虽然不多但有决定权或需要特别关注的受众，往往就是关键受众。我们说要服务受众，首先是要服务关键受众。

在应用某种逻辑时，还需要注意这种逻辑是否适合某类受众，如果不适合则不宜使用该种逻辑。拿最常用的金字塔逻辑为例，我们看看它不太适合哪类受众。

案例2-5-5：向客户领导汇报项目成果

在一次管理咨询项目中，又到了向客户领导汇报项目成果的时候了。我作为项目总监，像往常一样，熟练地应用着金字塔逻辑讲全景图、讲观点……大家听得都很认真。这时，我发现一位不太熟悉的副总似乎轻轻地皱起了眉头。我继续一边若无其事地讲着，一边迅速回忆之前了解到的有关他的信息，希望能针对他的特点或需求做出一些适当调整。但是我实在想不出什么，只好继续按照事先准备的逻辑进行。

会议结束后，我走到这位副总面前，笑着说："张总，关于您负责的事业部，我们还有几个地方需要再和您确认，不知道今天有没有方便的时间，我们向您请教一下？"他说："好啊，现在已经中午12点了，下午3点在我办公室聊吧！"

在这段时间里，我赶紧找了熟悉的客户了解张总的情况。原来张总有一个爱好——读小说。越是读起来津津有味的大部头文艺作品，越是张总喜欢的风格。我立即恍然大悟，对于这类"文艺青年"，先说结论、直击重点、有点干巴巴的金字塔逻辑，怎么能适合呢？

好在我曾经也算是"文艺青年"，在梳理了自己读过的中外小说等作品之后，下午3点，我准时敲开了张总办公室的大门……

案例2-5-6：和董事长沟通项目计划

这是一家集团公司的干部管理体系咨询项目，我是项目总监。那时还是项目初期，我们和客户之间还没有建立起良好的信任关系。

有一天，我和项目经理一起去和董事长沟通项目计划。一般来说，职位越高，越关注金字塔上层的宏观事项，而不会过于关注计划的细节。因此，我和项目经理事先做了一张项目规划全景图，拿着这张图和董事长沟通项目目的、价值和收益、最终成果、关键的里程碑节点等高层次内容。

当时是由项目经理来陈述的。讲着讲着，董事长问了一个操作性很强的细节问题。项目经理愣了一下，因为这个问题没有展示在全景图上，是一个在金字塔底端的操作性问题。我们都没有想到董事长会关注这样一个细枝末节的问题。

我马上意识到董事长的关注点，立即打开我的电脑，向他展示了详细的甘特图，并针对他提出的细节问题做出了回答。董事长舒了一口气，笑了，好似漫不经心地说："我还以为你们只有前面那个图，没有详细计划呢。"我赶紧答道："不会的，我们每次做项目，前面那种高阶全景图和这种详细的甘特图，都有的！"

董事长这句话，其实是一句很微妙的潜台词——如果我们只有高阶全景图而没有详细计划，那么他对我们的信任就会大打折扣。

在回项目组办公室的路上，项目经理纳闷地说："这么大集团的董事长，为什么会关注这么细节的事情？"我也不敢随意揣度，就说："咱们向客户项目组的同事再了解一下吧。"

原来，这位董事长曾是著名院校理工科的博士，是一位专家型领导，一向以严谨细致的治学态度著称。

这是我亲身经历的两个故事，至少说明了两件事情。

第一，对于文艺型和专家型受众，金字塔逻辑不一定适用，不是说一定不适用，而是要仔细斟酌，灵活应用，随时调整。文艺型受众往往具有比较强的感性思维和发散思维，干巴巴的逻辑对于他们来说，是毫无趣味可言的。而专家型受众，典型的代表就是医生。我们去医院，如果一上来就说："医生，我得了某某病。原因有三个，第一，第二……"那么肯定会遭白眼："你是医生还是我是医生？"专家型受众的特点是专业性强，关注推理过程和细节，喜欢自己研究得出结论。所以，对于文艺型和专家型受众，是否适用金字塔逻辑、什么时候用、要用到金字塔的哪个层次、用什么形式来呈现等，都是需要用心斟酌的。

第二，要做好服务受众，首先就要了解受众，哪怕我们自以为已经很了解，也不妨再更进一步了解。我做了这么多年管理咨询顾问、管理培训师，几乎每个工作场景都是和不同的受众打交道，自认为在抓准受众、分析受众、观察受众、响应受众等方面做得还是不错的，但是依然会有很多考虑不周全的情况，稍有疏忽，就会造成错误或遗憾。

关于服务受众的话题，我还可以写很多，但是任何事情都需要有时间边界，不管我们是多么不舍得，都需要在时间边界到来时断然结束。这就是接下来要说的逻辑应用智慧的第三条基本操作原则——时间边界。

这里的时间边界，既包括口头沟通、口头汇报、商务演讲等场景下的时间边界，也包括写作和阅读场景下的篇幅边界，因为篇幅的长短和时间的长短往往是正相关的。

时间边界，就是指在应用逻辑时，要在有限的时间内灵活应用和灵活调整，充分利用好有限的时间资源。广为流传的麦肯锡30秒电梯理论，就是在有限时间边界里先说结论、先说最重要思想的一个缩影。

关于时间边界的常见场景，通常有以下两种：

第一种，假如给我们10秒钟时间，我们说什么？假如是1分钟，5分钟，30分钟，1小时，3小时呢？

第二种，反过来，假如我们辛辛苦苦准备了3小时的发言稿，结果临时告知："现在，你只能说10分钟。"该怎么办？

前者是时间边界的扩大，后者是时间边界的缩小。前者需要把金字塔从顶层迅速向下层纵向延伸，或者向左右两边横向扩展。而后者恰恰相反，需要迅速做出裁剪——如果要强调宏观概览，则裁剪金字塔的下端；如果要强调可操作可落地的细节，则裁剪金字塔的上端；如果要强调同一层次的某个重点，则裁剪金字塔的左边或右边。在有些情况下，则需要迅速把已经构建好的金字塔所有素材打乱，迅速地重构新的金字塔。总之，根据具体的场景，有很多种变化方式。

无论是哪种变化方式，要做好"时间边界"这条原则，都需要具备断舍离的勇气和能力。勇气，是指要勇于把时间边界之外的素材断舍离，不要舍不得。能力，是指有能力判断和辨识在时间边界之内，需要删减哪些、保留哪些、增加哪些。

案例2-5-7：和董事长沟通项目计划（续）

还以我的第二个故事为例。当董事长问了这个细节问题之后，我的脑子里发生了什么？

首先，迅速反应出这个问题处于金字塔上的什么位置，包括处于哪个类别、哪个层次、上下左右分别是什么，以及在哪里可以找到这个问题的答案。和董事长沟通的时间最多只有30分钟，也就是说，时间边界是30分钟，如果沟通得好，受众感兴趣，则自然会延长，如果沟通得不好，受众也会毫不留情地随时打断，不把宝贵的时间资源分配给我们。

其次，马上意识到必须断舍离，把项目规划全景图的内容暂时断舍离掉，也就是马上闭嘴，结束对这张图的讲述，哪怕这张图做得再辛苦、再精美，此时此刻也要断舍离，这就是当断则断的勇气，因为哪怕只是晚了几秒钟，都有可能增加受众的反感。

最后，马上意识到需要增加对甘特图的展示，以及对这个细节问题的针对性回复。

在这个案例中，项目规划全景图就是金字塔的上端，甘特图的细节内容就是金字塔的下端。在 30 分钟的时间边界里，针对董事长这位关键受众，基于他提出的一个问题，立即做出了金字塔逻辑的灵活调整。

以上就是逻辑应用智慧的三条基本操作原则：主题为王、服务受众、时间边界。

著名音乐家、作曲家久石让说："作曲需要的是符合逻辑的思考，以及乍然闪现的灵感。"任何场景下的思考与呈现，其实都和作曲一样，是长期遵循逻辑规则与瞬间灵感乍现的结合。逻辑是规则、是法则，具有固定或固化思维模式和思维流程的强大力量，但同时，逻辑的应用更是一门艺术、一种智慧。当逻辑嵌套了不同的主题、目的、思想内容，以及沉浸在不同的人时空具体场景中时，它的应用便充满了变幻无穷的智慧。因此，我们既要有坚持遵循这些逻辑规则的逻辑定力，也要有灵活应用的智慧，用我们的智慧充分释放逻辑的灵性和灵感，才能像创造艺术精品那样，构建和呈现丰富多彩的全景。

本节内容要点

1. 每种逻辑之所以成为区别于其他类型的经典逻辑，是因为拥有某些特定的逻辑规则。

2. 应用某种逻辑时，要遵循其基本逻辑规则，这就是逻辑定力。

3. 当逻辑规则嵌套了不同的主题、目的、思想内容，以及沉浸在不同的人时空具体场景中时，其应用是千变万化的，这就是逻辑智慧。

4. 逻辑定力与逻辑智慧——逻辑的不变与变化，使得逻辑的应用充满了灵性与灵感。

5. 逻辑应用智慧的基本操作原则：主题为王、服务受众、时间边界。

6. 内容、逻辑和形式都是为主题服务的。

7. 主题及其蕴含着的目的，是逻辑与全景的根本指向。

8. 主题为王，是指通过逻辑的灵活应用来更好地呈现思想观点，从而更好地达成主题。有三种常见情况。

9. 当逻辑类型或逻辑细节不同时，它所支持的主题或思想观点可能会随之发生变化，有时甚至会发生质的升华。

10. 服务受众是逻辑应用智慧中最重要的原则。

11. 既坚持自己的基本立场，又要根据不同受众巧妙地表达恰当的观点，这需要艺术和智慧。

12. 服务受众，首先是要服务关键受众。

13. 在应用某种逻辑时，需要注意是否适合某类受众。

14. 对于文艺型和专家型受众，是否适用金字塔逻辑、什么时候用、用到哪个层次、用什么形式来呈现等，都需要用心斟酌。

15. 要做好服务受众，首先要了解受众，哪怕自以为已经很了解，也不妨再更进一步了解。

16. 时间边界，是指在应用逻辑时，在有限的时间内灵活应用和灵活调整，充分利用好有限的时间资源。

17. 时间边界扩大或缩小，需要对金字塔做出相应的纵向延伸、横向扩展，或裁剪，甚至重构。

18. 做好"时间边界"原则，需要具备断舍离的勇气和能力。

19. 任何场景下的思考与呈现，都是长期遵循逻辑规则与瞬间灵感乍现的结合。

20. 既要有坚持遵循逻辑规则的逻辑定力，也要有灵活应用的智慧，充分释放逻辑的灵性和灵感，才能构建和呈现丰富多彩的全景。

第3章　全景学习：
用全景思维重构全景认知

一个人的学习能力，才是他的核心竞争力。

——彼得·德鲁克

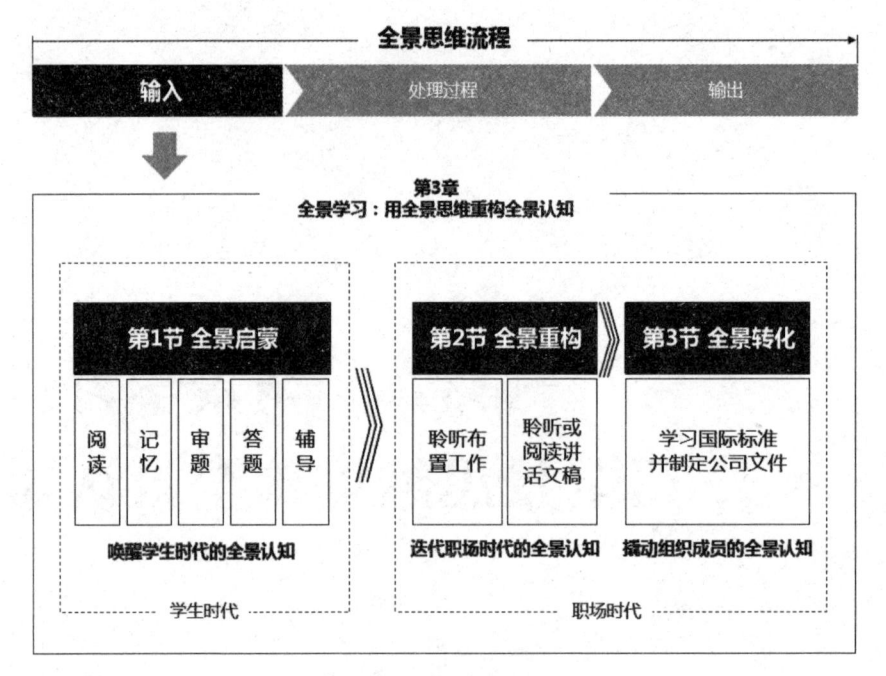

图3-1 第3章全景图

本章主要探讨全景思维在学习场景中的应用。这里指的是广义的学习，强调的是全景思维流程的输入端，即用全景思维获取信息和理解信息，并按照这些理解进行知识的全景重构和再输出。

本章由三节内容构成。第1节探讨全景思维对青少年的启蒙意义，以及在阅读、记忆、审题、答题和辅导等场景中如何应用，从而构建全面的知识全景。第2节探讨如何在工作中通过倾听、阅读等方式获取和理解信息，再重构成信息全景，从而提升后续工作的执行质量。第3节探讨如何通过更复杂的学习来获取和理解信息，并将全景认知转化为他人可理解的逻辑和语言，从而撬动组织成员的全景认知。

第1节　全景启蒙：唤醒学生时代的全景认知

> 大多数人从来没有机会看到他们学到的知识可以如何有用，这是因为他们不得不接受一切，并且无法理解它们之间的关系。
>
> ——理查德·费曼

总分总是构建和呈现全景最基础的逻辑。其实，我们对它一点都不陌生。20 世纪 70 年代，我出生于河南省的一个小县城，从上小学开始，语文老师就反复叮嘱写作文要"总分总""开门见山""前后呼应"……每学习一篇新课文，一成不变的讲课顺序就是"四段式"：生字、解词、分段、中心思想。经过日复一日地重复训练，"总分总"和"中心思想"这两个词，就像扎了根一样伴随着我们的一生。

高中分文科班和理科班。我是文科生，也算是当年的一个文科学霸。提起"文科学霸"，大家的第一印象是什么？在我上高中的那个年代，人们普遍的印象可能就是死记硬背，认为只要记忆力好，文科就能学得好。

虽然我知道这并非事实，但到底是因为什么才能学好文科、能让学习成绩脱颖而出呢？我说不出来。那个时候，在小县城里，什么金字塔原理、思维导图、全脑思维等各种新鲜名词，统统都没有听说过。一直到多年以后，大概是 2003 年，即参加工作两三年后，我第一次看到了《金字塔原理》这本书。虽然当时也是似懂非懂，但是却有一种莫名的激动，因为我感觉自己在这本书里找到了答案——正是无意识地应用了金字塔逻辑，才帮助我学好了文科。

后来，我在多年管理咨询工作中，一直实践和感悟金字塔逻辑，越来越认为：学习能力比学习本身更重要，思维方式比获取知识更重要。正是金字塔逻辑的无意识应用，唤醒了我学生时代的全景认知，对我而言，就是一种全景启蒙。

本节就结合我的亲身实践，从阅读、记忆、审题、答题、辅导五个方面分享一些和学生有关的全景思维应用要点，这些要点也将在我们进入职场后发挥重要的作用。

1.用全景思维来阅读。

尽管我和大家一样，从小学便开始接触总分总逻辑，但是我更愿意说，我是从13岁初二时开始无意识应用金字塔逻辑的。因为，语文课上强调的总分总思想，全国小学生接受到的教育都是相同的，而13岁时，政治老师教给我的"金字塔式阅读符号"却是独特的。

案例3-1-1：课本上的阅读符号

在初二之前，我和大多数同学一样，课本上随处可见画重点的横线。横线画得几乎到处都是，反而看不出哪里是重点了。

初中政治老师是一位不苟言笑但说话却常常带有冷幽默意味的中年男老师。每次上课，他总是一本正经地、带着些许陕西口音，对我们这群十三四岁的孩子说："翻开课本儿到第20页……你们要按照我说的画，千万不要乱画。好，现在把'中国共产党'这个词儿下面画上两道横线……"他一边说，一边低头盯着身边的同学，看他是否听话。"画错了，别画一道横线！就只有这个词儿的五个字下面画两道横线，不能画一道线，也不要画到别的字儿上去……接下来这句，下面画上一道横线，一直画到句号为止……好，后面这段，这个词下面画小圆圈，那两个词下面画小三角……后面一页，这段话最前面标上 A……那段话的第一个句号后面，标上 1 还得带个圈儿，对，就是外面带着圈儿的那种 1……"

他一本正经的表情加上有些可笑的腔调，让我们这群孩子一边偷偷憋着笑，一边按照指示记下各种符号、做出各种注释。每次政治课就这样开心地过去了，从来没有让我们觉得枯燥。

后来，我发现这些符号是有规律的——双横线是某个名词，单横线是名词之后的解释，小三角和小圆圈是不同层次的阐述，虚线、波浪线、1、①、A 等，也都各有含义。如果把这些符号标注的内容单独摘录出来，按照符号各自代表的类别和层次，就可以画出金字塔形图或思维导图。

这种"金字塔式阅读符号"后来又被我用到语文、数学、历史、地理等各科课本上，帮助我在理解和记忆时，能够及时联想到这些丰富多彩的课本页面，平面化的内容随着这些符号也变得立体起来。可能有人会说："真笨，直接用电脑做个思维导图不就行了。"别忘了，在那个年代，没有普及电脑，也没有思维导图这些概念。所以，直到现在，我始终认为思想内容、思维和逻辑是内核，是最重要的，而各种各样的图示都是外在的形式。随着时代和科技的发展，形式变得更先进了，但是最底层的思维却依然不变。

2.用全景思维来记忆。

对于文科生来说，记忆，或者更直白地说，背书，的确是最基础的。

尽管人们往往认为文科生无非就是死记硬背，但背书却并非如此简单，它涉及全景式的记忆，旨在对知识的全面把握。

幸运的是，小学时代我学到了"总分总"和"中心思想"，初中时代我学到了"金字塔式阅读符号"，高中时代我学到了"金字塔式记忆背书"，这些都帮助我把碎片化的知识构建为知识全景。

案例3-1-2：背诵全书目录

在高中的第一次历史课上，年轻的历史老师没有讲任何具体内容，而是让我们背诵历史课本前几页的目录，而且必须按照他的方式：

第一步，背诵每一篇的标题，对于每篇下面的章节，暂时不必理会。

第二步，当我们记住了每一篇的标题后，再让我们背诵第一篇下面的各章标题。当第一篇的所有章标题都记住后，让我们背诵第二篇下面的各章标题。这个过程一直持续到最后一篇。

第三步，当我们记住了篇标题和章标题之后，让我们背诵每一章下面的各节标题。这个过程一直持续到最后一章。

最后，当我们记住了所有的篇、章、节标题后，老师让我们将这些内容连贯起来背诵。这样，我们就记住了整个目录，也记住了最宏观层次的历史发展脉络。

那时候，同学们都觉得这个过程很有趣，而且背诵标题也远比背诵具体内容更简单。现在再来看，这种从宏观到微观、逐层分解的背诵方式，不就是金字塔逻辑和全景思维的应用吗？先结构化地背诵，再连贯形成全景化的完整概念，即历史的全景框架。

这种记忆方法与我从小学、初中时代慢慢摸索出来的方法几乎不谋而合——不管是现代文，还是古文、诗词，还是政治或者其他什么，我在背诵时，都是先分解成若干小部分、若干小组来背诵，再慢慢一层一层连贯起来背诵。这种方法，我现在更愿意称之为"先结构化、再全景化"的记忆方法。当然，如果事先已经有了一幅全景图，那么可以先熟记这张全景图，再分解成各个部分来记忆，最后再回归全景，这就是"先全景化、再结构化、最后再全景化"的全景式记忆方法。

3.用全景思维来审题。

审题，指的是阅读和理解题目的含义。高质量的审题要做到以下两点：第一，要全面审题，符合 MECE 原则。题目中的每一个字，包括主题词、关键词，甚至那些看似不太关键的修饰词，如定语、状语、补语等，都需要全面理解。这些看似不那么关键的部分，有时往往会成为能否拿到高分的关键。第二，要深入审题，在全面审题的基础上深入挖掘题目的目的、考查的知识点、容易被扣分的风险点等。只有做到全面审题和深入审题，这样理解出来的题目才可能是题意的全景。下面是个非常简单的例子。

案例 3-1-3：列式计算

有一次，一位小学二年级的小朋友哭诉道："为什么我的答案是对的，但是却被扣了分？"原来，题目上说："请列式计算……"小朋友没有注意到"列式"两个字，只是在答卷上写下了最后的数字作为答案，而没有列出计算的算式，所以就被扣了分。

这个小例子就是没有做到全面审题，漏掉了"列式"这两个好像并不关键的字，进而也没有做到深入审题，没有看懂其目的是要考察两个要点——会不会列式，以及最后的计算结果是否正确。

要做到全面、深入地高质量审题，特别是对于内容比较多、逻辑关系比较复杂的题目，需要有较强的语文阅读能力和理解能力，本质上就是逻辑能力。

曾经流传着这样一种观念：学好数理化，走遍天下都不怕。在当时这种观念的影响下，很多家长认为只要学好数理化就行了，没必要在语文方面下太多功夫，反正是我们的母语，谁还不会呢？

凡有这样认知的家长，我想他们大概并没有仔细观察过身边的"理科学霸"，因此也就不会发现：他们之所以成为理科学霸，除了在理科方面具有一定天赋之外，主要原因之一就是阅读和理解能力比较强，至少不会太弱，这样才使得他们能全面、深入地理解各种教材、资料，以及题目的题意。

很多人往往都没注意到，答题的难点之一其实就是有没有全面、深入地审题，有没有对题目的文字读透读懂。这有两种判断方式：一是能不能画出符合 MECE 原则的题意全景图；二是能不能向别人全面、准确地复述题目，并让别人听得懂。这两种判断方式都和阅读能力、理解能力、逻辑能力有关。

有一次，当我向一位很资深的朋友分享全景思维以及上述观点时，立即得到了他的共鸣。朋友还滔滔不绝地向我分享了一位高中同学理科学霸的故事。

案例 3-1-4：理科学霸的故事

我上中学的时候，学校公认的理科学霸——朱同学就是这样，具有很强的语文阅读能力和理解能力，口头表达和写作也很棒。而且他能用大家听明白的通俗语言，给同学们讲解各种应用题。

有一次，高中语文赵老师让我们写一篇作文，题目是《我的老师》。写完后，赵老师说："同学们，现在请朱同学朗读一下他写的作文，但是把主人公的姓名隐去，请你们猜猜他写的是哪位老师。"

朱同学开始朗读："他的身材并不威猛，但气质和风格却如同军人一样刚毅。他那严肃的表情和老旧但干净的蓝色中山装，衣领扣得紧紧的，就连一个笑容都难得一见。我时常猜想他是否会因为衣领过紧而感到呼吸困难。他的课堂开场总是格外精彩。每当上课铃一响，教室的门便会缓缓打开，像松树一样笔直的他就站在门外，冷冰冰地盯着门对面的墙壁。随后，他以一种军人般的庄严姿态，昂首挺胸地走进教室，直奔讲台，全程头也不回、眼神也不倾斜，仿佛对面的墙壁就是他的神圣殿堂。然后，他会在讲台前停下，做一个标准的立正，再做一个标准的向右转，此时才正式面向全班同学，准确地说，是面向全班同学头顶上方30厘米的空白处，庄重地宣布今天的课程内容……"

其实大家早就听出来他描写的是谁了。他写得太生动了，完全活灵活现地再现了这位老师的模样。

这件事已经过去二三十年了，但是我仍然记忆深刻。用全景思维的观点来看，朱同学应该具有很强的全景思维能力：首先，他在做证明题时，那一连串严谨的"因为……所以……"连起来就构成了一种推理全景；其次，他的阅读理解和写作能力也很强，这篇描写老师的作文就是个例子，这种能力让他对每道题目的题意理解都很到位；此外，他还能用浅显易懂的语言或逻辑示意图，把每道题的题意和解答方法都讲得让别人听得懂。

可见，要想运用全景思维做出全面、深入的审题，不论是文科生还是理科生，都必须学好语文课，增强阅读、理解和逻辑能力。

4.用全景思维来答题。

阅读、记忆、审题，都是以获取和理解知识为主，是一种输入过程；而答题，则是对知识进行整合、重组、重构和输出的过程。如何做好答题，是非常复杂的，不可一概而论。这里，我以两小时的纸笔考试为应用场景，分享考场答题应用全景思维的七个关键点。

（1）总览试卷，快速构建题目全景。

考试时间一般是两三个小时，我们不一定能把所有题目都答得很圆满，也经常会出现答不完的情况。所以，在拿到试卷后、开始答题之前，要先从头到尾快速浏览一下所有题目，快速捕捉到内容关键词、题目类型、每种题目或者关键题目的分数分配情况等，也就是说，要快速抓住试卷的题目全景。

（2）题目分类，快速识别重点题目。

在快速总览题目全景的同时，要迅速地按照自己的逻辑标准对题目形成分类。例如：可以按照分数来分类，分成分数较多的题目和分数较少的题目；还可以按照自己会不会做来分类，分成自己肯定会做的、可能会做的、肯定不会做的，等等。在脑海中迅速形成题目分类，目的是快速识别出针对自己的重点题目，把答题时间尽量多分配给重点题目。

（3）时间布局，优先分配重点题目。

在有限的考试时间内迅速做出答题时间的布局，把时间优先分配给自己的重点题目。

通常情况下，重点题目首先是那些自己肯定会的、分数又较多的题目，其次是自己肯定会的、分数较少的题目，而自己肯定不会的题目往往是优先级最靠后面的。在遇到自己肯定不会做的题目时，不要犹豫，马上跳过，去做自己会的题目。等自己会的题目全部答完之后，再进行一些检查或抽查，确保必得这些分数。此时，如果还有时间，那么再回过头来思考那些不会的或者没把握的题目。

此外，还有另一种时间分配方式——为某些重点题目分配特定时间。例如，假设语文考试时间为两个小时，可以设定：必须在一个半小时的时候，结束其他所有答题，哪怕没有答完，都要结束，而是开始写作文，因为作文是重点题目，至少要分配半小时的时间。再如，假设数学考试为两小时，通过总览试卷得知最后有两道应用题，一道有把握、另一道没把握，可以设定：必须留十五分钟给这两道应用题，有把握的争取在五分钟之内完成，剩下的时间分配给没有把握的。

（4）设定顺序，力图高效顺序答题。

设定适合自己的高效答题顺序。例如，可以主要按照试卷本身的先后顺序答题，再结合先易后难或者先小题后大题的顺序，也可以首先是自己会且分数多的，然后是自己会但分数少的，接着是没把握但分数多的，最后是完全不会需要连猜带蒙的，等等。

总之，每个人的答题顺序可以不一样，关键是要找到对自己来说最高效而且不容易遗漏题目的方式。需要注意的是，如果自己是个容易逻辑混乱或者比较马虎的人，那么就老老实实按照试卷本身的顺序来答题。

（5）理解题目，全面深入审视题意。

即前面所讲的全面深入审题。在阅读和理解每道题目时，要准确、完整地抓住题意，不遗漏，还要迅速领悟题目的考试意图。

（6）智慧答题，设计合理逻辑结构。

对于自己会答的题目，要围绕这个题目（即主题），将知识素材进行逻辑重组，构建出答案的知识全景，同时要注意用词精准、逻辑清楚，并且善于用1、2、3的方式进行回答。

对于自己没把握的题目，要设计适合自己的通用答题结构，或者分解成小模块来回答，能答对一部分就是一部分。

在回答某道论述题时，如果考试马上就要结束了，来不及做出详细阐述，那么就用1、2、3的方式，只写出最重要的几个知识点或几句观点，不要再进行解释和阐述。也就是说，在来不及的情况下，只写出金字塔上端的概要性内容，勾勒出答案全景即可，放弃下面各层次的具体内容。

（7）检查答案，充分利用点滴时间。

答题结束后，如果还有时间进行检查，哪怕只有几分钟，也要充分利用这点时间，迅速设计出适合自己的检查标准和检查顺序。例如，检查空着没答的，检查分数多的，检查容易遗漏的，检查自己平时容易马虎大意的或者容易出错的，等等。

上述七个关键点，第（1）（2）（3）（4）（7）点都是在很短的时间内完成的，看似简单，实际上并不容易做到，需要日常不断地进行逻辑训练，才能在考场上实现瞬间反应。第（5）和第（6）点，是持续贯穿在整个考试过程的，也需要在日常学习中长期反复训练才能得到提升。

5.用全景思维来辅导功课。

家长如何利用全景思维来辅导孩子功课？首先要求辅导者自己具备一定的全景思维，其次可以借助金字塔形图、思维导图、鱼骨图、价值树等常用工具，以及费曼学习法等方法。

美国著名物理学家理查德·费曼认为："大多数人从来没有机会看到他们学到的知识可以如何有用，这是因为他们不得不接受一切，并且无法理解它们之间的关系。"这里的"关系"就是指知识之间的逻辑关系。我对这句话的理解是：知识有没有用以及有多大用，关键之一在于有没有把各种知识用逻辑关系联结成知识全景。

那么，如何培养这种构建知识全景的能力呢？费曼还有一个观点："如果你能简单地解释一个概念，那么你就真正理解了这个概念。"这就是费曼学习法的核心理念：用简单的语言把复杂的概念、知识讲解给别人听，并且能让别人听明白，而自己则通过这种讲解的方式边讲边学，不断补充、完善知识全景的缺漏，直到透彻理解和全面掌握。

在练习费曼学习法的过程中，学习者一方面将概念、知识的相关细节构建成全景，一方面再通过讲解将这种全景呈现给他人。所以，费曼学习法不仅是学习知识的好方法，也是练习全景思维、全景思考原则和全景呈现原则的好方法。

案例 3-1-5：辅导孩子学习《静夜思》

家长可以结合费曼学习法和全景式提问来辅导孩子的学习。例如，在学习《静夜思》时，家长可以用全景式提问的方式，帮助孩子把诗歌主题、意境、情感、个人体验等构建成知识全景。

首先，理解诗歌主题。让孩子阅读诗歌，并让他用自己的语言来概括主题或中心思想。例如，家长问："这首诗表达了什么意思？"孩子可能会说："这是一首关于思乡的诗。诗人看到明亮的月光，思念起远方的家乡。"这就是一句话的全景概括。

接着，探讨诗歌意境。可以让孩子详细解释诗歌中的具体内容。例如，家长问："诗人为什么说月光如霜？这是什么意思？"孩子可能会解释："月光如霜，就是说月光很亮，也可能说的是诗人感觉很孤独，没有亲人和伙伴。"不管这些问题有没有标准答案，只要引导孩子从主题和中心思想往下逐层分解和理解就可以了。

然后，讨论诗歌的情感。家长可以让孩子解释他认为诗人表达了什么情感。例如："诗人有什么感觉？你是怎么知道他有这种感觉的？"孩子可能会说："诗人很孤独，想家。因为他说，他看到月光就想起远方的家乡，这让他睡不着。"

最后，联结个人体验。可以让孩子把诗歌与他自己的体验联系起来。例如："你有没有过类似的感觉？当有这些感觉的时候，你做了什么？"孩子可能会说："有一年放暑假，我在奶奶家，很想念你和爸爸。于是我就拿出你们的照片来看。"这样可以帮助孩子更深入地理解诗歌，并且提高他的同理心。

通过这样的逻辑和提问方式，我们就帮助孩子一步步地构建了包括主题、意境、情感、个人体验等在内的知识全景——既有对诗歌本身客观内容的学习和理解，也有联结自身体验的学习和理解，既有概括性的抽象理解，也有具体生动的具象理解。

上面就是结合我自己的学生经历，对全景思维如何应用于学生时代、帮助学生从小建立全景认知的探讨。随着时代的进步和方式方法的创新，学生时代的全景教育也在不断发展，为人们进入职场后进一步提升全景思维奠定了良好的基础。

本节内容要点

1.学习能力比学习本身更重要，思维方式比获取知识更重要。

2.全景思维可被用于学生时代，唤醒学生时代的全景认知。

3.全景思维可被用于阅读、记忆、审题、答题和辅导等各个方面。

4."金字塔式阅读符号"有助于将课本上平面化的内容变得更加立体，从而构建阅读知识的全景。

5."先全景化、再结构化、最后再全景化"的全景式记忆，旨在对知识的全面把握，有助于把碎片化的知识构建为知识全景。

6.高质量的审题，需要通过全面审题和深入审题来理解题意全景。

7.全面审题，理解主题词、关键词及看似不太关键的修饰词；深入审题，挖掘题目的目的、考查的知识点、容易被扣分的风险点等。

8.高质量的审题，要求具备较强的语文阅读能力和理解能力，本质上是逻辑能力。

9.答题的难点之一是有没有全面、深入地审题。两种判断方式：能不能画出符合MECE原则的题意全景图，能不能向别人全面、准确地复述题目，并让别人听得懂。

10.考场答题应用全景思维的七个关键：

（1）总览试卷，快速构建题目全景。

（2）题目分类，快速识别重点题目。

（3）时间布局，优先分配重点题目。

（4）设定顺序，力图高效顺序答题。

（5）理解题目，全面深入审视题意。

（6）智慧答题，设计合理逻辑结构。

（7）检查答案，充分利用点滴时间。

11. 辅导者首先需要具备一定的全景思维，其次可以借助金字塔形图、思维导图、鱼骨图、价值树等常用工具，以及费曼学习法等方法。

12. 知识有没有用以及有多大用，关键之一在于有没有把各种知识用逻辑关系连接成知识全景。

13. 费曼学习法主张用简单的语言把复杂的概念、知识讲解给别人听，边讲边学，不断补充、完善知识全景的缺漏，直到透彻理解和全面掌握。

14. 费曼学习法不仅是学习知识的好方法，也是练习全景思维、全景思考原则和全景呈现原则的好方法。

15. 学生时代的全景教育是进入职场后进一步提升全景思维的基础。

第2节　全景重构：迭代职场时代的全景认知

> 倘能生存，我当然仍要学习。
>
> ——鲁迅

鲁迅先生说："倘能生存，我当然仍要学习。"我们的一生，就是不断学习、不断信息输入、再不断输出的一生，这个过程影响着我们认知模式和认知能力的形成。

在学生时代，如果得到了较好的全景启蒙和全景教育，那么在进入职场后，这种思维方式将会变得更加成熟和坚定。但是如果在学生时代忽略了这种教育，也没关系，因为职场提供了更加多样化的应用场景，使得我们可以在工作中不断自我学习，从而不断重构和迭代全景认知。

上节讲到的学生时代的所有内容，都可以举一反三地应用到职场。例如我们需要通过聆听领导讲话、阅读书籍和文件、观看视频、参加会议等各种方式获取信息和知识；我们需要把这些信息和知识进行理解、加工和处理，形成全景认知，再通过传达会议精神、撰写工作报告、发表公众讲话等方式进行输出；我们需要参加职场考试，阅读、记忆、审题、答题；我们还需要对同事或下级进行工作指导或辅导……

本节和下一节就聚焦在职场，探讨全景思维如何在职场学习中得到应用。与上一节相似的内容将不再赘述。

本节用两个案例来代表两种常用场景：聆听领导布置工作，聆听领导讲话或阅读讲话文稿。

案例 3-2-1：聆听领导布置工作

一天中午，小贾正在一楼大厅等电梯。电梯门刚刚打开，张总走了出来。小贾微笑着和张总打了个招呼，刚要进电梯，却被张总叫住了："小贾，等一下。我现在出去见个客户。你帮我个忙，帮我召集一个经营分析会，比较着急，得赶紧定下来。"

小贾应道："没问题，张总，什么时间，谁参加？"

张总："孙经理、王经理参加。他俩经常出差，不知道现在还在不在公司。你赶紧联系，明天上午10点开始。"

小贾："好的，张总。"

张总："对了，小李，你也给叫上。"

小贾："没问题。我现在就去安排。"

张总："别急，我再想一下，看看还有什么。"这时，有几位同事路过，陆陆续续和张总说了几句话。

同事离开后，张总接着对小贾说："刚才我说的是明天上午10点开会，是吧？实在不行的话，其他时间也可以，最好是10点。"

小贾："好的。还有什么需要注意的吗？"

张总想了一下："你帮我把会议室预订好。大概2小时吧。我主持，现在我也说不好需要多长时间，要明天看讨论情况。"

小贾："好的，张总。"

张总看看手表："就这样吧，我得赶紧走了。"一边说，一边往大门口走去。

就在小贾马上要进电梯的时候，他听到张总又大声补充了一句："必须要在会议室当面说，不能用视频、电话。"

领导布置工作，有两种最常见的情况：一种是在某个固定的场合，比如会议室、办公室；另一种则是在案例中这种不固定的场合，比如刚好碰到，或者打电话、发微信。从逻辑方面来看，通常也有两种：一种是领导很有逻辑地布置工作，需要做什么、注意什么，一、二、三都说得很清楚；另一种是双方用对话的方式，你一言我一语，工作任务的相关事项以碎片化信息的形式散落在对话里。

根据这两个维度，聆听领导布置工作就大致形成了如图 3-2 所示的四种类别：

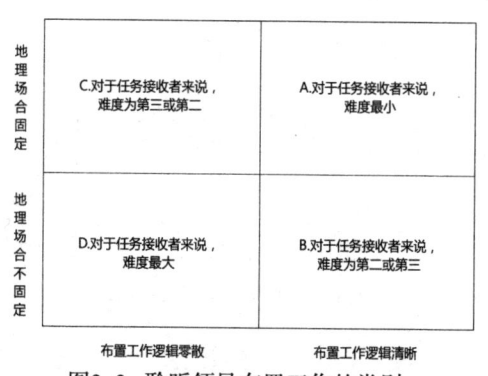

	布置工作逻辑零散	布置工作逻辑清晰
地理场合固定	C.对于任务接收者来说，难度为第三或第二	A.对于任务接收者来说，难度最小
地理场合不固定	D.对于任务接收者来说，难度最大	B.对于任务接收者来说，难度为第二或第三

图3-2 聆听领导布置工作的类别

对于任务接收者来说，A 肯定是难度最小的，D 肯定是难度最大的。B 和 C 哪个难度更大，要根据任务接收者的不同情况，包括聆听能力、记忆能力、记笔记能力等，不同人可能感受到的难度不同。

不论是哪种类别，任务接收者都会经过这样的思维过程：首先是聆听信息（或许散乱或许有条理），其次是整理、筛选、抓取关键信息，然后是分析关键信息，最后再转化成自己所理解的信息全景，也就是任务全景。这个全景将用来指导下一步的任务执行。在这个过程中，对信息的聆听和理解是否全面、深入，以及任务全景的质量高低，将直接影响下一步的任务执行质量。这个过程和学生时代的"审题"是不是很相似？只不过，审题通常是阅读，而这里是聆听。

这个案例的内容非常简单，我们在几分钟之内就能捕捉到基本信息，并且快速完成分类：主题是安排一次经营分析会，下面是三个分类——人物、时间、地点。于是，大部分人都会形成图3-3这样或类似的图示：

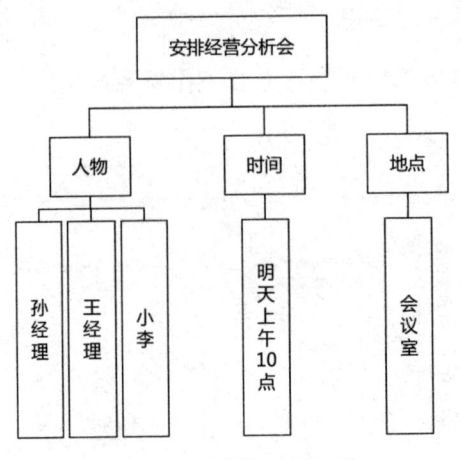

图3-3 聆听领导布置工作

然而，这样的图示是不是真实的任务全景？在这样的任务全景指导下，是否真的能出色地完成这次任务？假如孙经理刚刚出差，明天回不来怎么办？假如王经理明天10点已经约了重要的大客户见面怎么办？假如所有的会议室都已经预约出去了，怎么办？如果发生了这些情况，难道每次都去问张总如何处理？

我们不从执行力角度看这个案例，而是从聆听和理解任务的角度来看。图3-3本身就是不全面、不MECE的任务信息，也就是说，它并不是一张真实的任务全景，如果任务接收者的脑子里只有这张图，那么势必会影响执行质量。

好在案例是可以重复阅读的文字，而不是转瞬即逝的声音。再次阅读案例，我们可以发现，这张图遗漏了一些看似不关键其实却非常关键的信息："实在不行的话，其他时间也可以，最好是10点……大概2小时吧……我现在也说不好需要多长时间，要明天看讨论情况……必须用会议室，不能用视频、电话。"

但是，真实的场景却往往是转瞬即逝的声音，我们也不可能每次都用录音的方式来存储这些信息。因此，这就要求我们具有强大的全景思维，具体而言，就是聆听能力、记忆能力、记笔记的能力、理解能力、构建任务全景的能力。

上面聆听任务的案例比较简单，下面案例3-2-2的场景则和聆听、阅读、理解、输出等都有关，难度更大、内容更综合。

案例3-2-2：聆听领导讲话或阅读讲话文稿

有一次，我为一家跨地域企业集团的60多位区域经理、中层干部开展金字塔逻辑系列训练课程。第一天及第二天的上午都顺利结束了。第二天午餐时，我接到通知，集团董事长突然临时决定下午要来见见这批中流砥柱。具体安排是：首先，董事长做2小时的即兴讲话；然后，召开1小时的座谈会。

人力资源负责人和我商量，希望课程能暂停一下。我说："聆听董事长讲话，是金字塔逻辑最重要的应用场景之一。咱们可别浪费这次难得的实战训练机会，我可以在课程里加上这部分的内容。"他同意了。我马上便对课程内容进行了调整，并在董事长到来之前，向学友们提出了以下要求：

第一，董事长讲话时，大家一边听，一边按照自己的方式做笔记；

第二，在座谈会上运用金字塔逻辑整理思想、表达观点，在董事长面前展示自己的风采；

第三，晚上，复习课程笔记及董事长讲话笔记；

第四，第三天上午，阅读笔记，做出董事长讲话全景图，并为回到各地后向当地同事宣讲传达作准备；

第五，第三天下午，基于董事长讲话全景图，练习如何将金字塔逻辑应用于宣讲传达，进行现场演练和点评改进。

到了第三天上午，学友们按照小组形式进行讨论，每个小组都做出了一张董事长讲话全景图。

接着，各小组分别展示工作成果。大家发现，所有人明明听的是同一次讲话，但是这些全景图的逻辑结构、具体内容却存在很大差异。

"为什么会出现这种情况？"我提出问题，引发大家思考。

讨论出来的观点是：因为董事长是即兴讲话，没有做准备，又是一位比较年长、亲和力很强的领导，就像唠家常一样给大家讲人生、讲事业、讲未来，内容比较发散，也没有用数列逻辑、总分总逻辑、金字塔逻辑等方式严谨地表达逻辑关系。所以，不同的人听到的信息和逻辑就是不同的。

我接着说道："在实际生活和工作中，我们是不是经常遇到类似的情况？我们无法强求表达者逻辑清晰地进行表达，能做的就是力求自己逻辑清晰，把对方的杂乱信息进行逻辑梳理和重组，构建出我们所理解的内容全景。"

说着，我取出一叠 A4 纸："昨天董事长讲话的时候，我也在现场，用电脑原汁原味儿地把讲话内容做了记录。虽然达不到速记水平，但是能还原差不多 90% 的内容吧。打印出来发给你们，和自己的笔记对比一下，看看自己的笔记是多么的不 MECE。"

学友们非常惊讶。他们阅读着这份内容翔实的笔记，又花了很长时间进行信息的补充和修订，重新做了全景图，并且练习了如何向当地同事进行宣讲传达。

无独有偶，另有一家企业，董事长在年会上做出了年度讲话。人力资源部将讲话内容制作成文件，在管理层开年第一场培训课上，要求管理干部认真阅读，充分领会讲话精神，并围绕讲话内容做出部门的年度工作规划，一周后向董事长汇报。

这个案例所涉及的两家企业的职场学习，比较复杂且具有更强的专业性，但是也会经过和聆听领导布置工作类似的思维过程：首先是聆听或阅读信息（或许散乱或许有条理），其次是整理、筛选、抓取关键信息，然后是分析关键信息，接着再转化成自己所理解的信息全景，也就是领导讲话全景图，再通过向同事宣讲传达、撰写并汇报年度工作规划等方式，进行全景的输出。

可见，复杂且具有专业性的职场学习，是涵盖了聆听、记录、阅读、分析、理解、提炼、总结、构建全景、呈现全景等在内的全景思维全流程，同时应用了全景思考原则和全景呈现原则，对我们驾驭全景思维的综合能力提出了更高的要求和挑战。

本节内容要点

1. 不断学习、不断信息输入、再不断输出的过程，影响着认知模式和认知能力的形成。

2. 全景思维可被用于职场时代的学习。

3. 职场提供的多样化应用场景，使我们可以在工作中不断自我学习，从而不断重构和迭代全景认知。

4. 职场人士通过各种方式获取信息或知识，经过大脑的理解、加工和处理，形成全景认知，再通过某种方式进行全景输出。

5. 任务接收者的思维过程：聆听信息，抓取关键信息，分析关键信息，再转化成任务全景，用来指导任务执行。

6. 对信息的聆听和理解是否全面、深入，以及任务全景的质量高低，将直接影响任务执行的质量。

7. 作为聆听者或倾听者，我们无法强求表达者逻辑清晰地进行表达，只能力求自己逻辑清晰，把对方的杂乱信息进行逻辑梳理和重组，构建出我们所理解的内容全景。

8. 复杂的职场学习，需要进行具有专业性的信息输入和解读，并在形成全景认知后，再通过某种专业性的方式进行全景输出。

9. 复杂且具有专业性的职场学习，是涵盖了聆听、记录、阅读、分析、理解、提炼、总结、构建全景、呈现全景等在内的全景思维全流程。

第3节　全景转化：撬动组织成员的全景认知

管理者会设法让自己的知识成为组织成长的机会。

——彼得·德鲁克

在职场中，我们面临的学习任务经常是具有开放性和挑战性的，对于管理者来说更是如此。有时候，管理者不但要解决自己学习的挑战性问题，还要为其他员工提供全景式培训，或为公司建立某种管理体系，也就是说，他们要带领或促成组织成员达成知识层面的一致理解和共识，用自己的全景认知来撬动组织成员的全景认知，从而推动组织成长。

比如，案例3-3-1是一家企业计划从零起步建立符合国际标准的合规管理体系，首要任务就是招聘专业人士，对全员开展普及性的培训教育工作。这个案例具有较强的专业性、复杂性和综合性，不仅体现了职场中个人的学习过程，而且还将其延展到如何帮助组织成员更好地学习。

案例3-3-1：学习国际标准并编写培训手册

A公司希望从零起步，建立一套符合最新国际标准——ISO37301：2021《合规管理体系要求及使用指南》及国家相关要求的合规管理体系，但是公司没有这方面的专业人才。

为此，公司急需招聘一位复合型的专家来推进相关工作，他不仅必须是合规方面的专家，还必须是全景思维专家，能够迅速学习和理解公司业务、管理和人员现状，并把合规管理的相关知识和管理体系引进公司，带领管理层和员工达成共识，建立符合公司实际情况的合规管理体系，而不是生硬地把合规知识灌输给员工，也不是生搬硬套地把其他企业的合规管理文件引入公司。

猎头公司推荐的小李就是符合要求的人选。他在合规领域有多年工作经验，对相关流程和政策具有深入的了解和独到的见解，向公司领导提供过许多有关合规风险和违规行为的报告，还参与了很多专业研讨会，熟悉合规领域的最新发展和最佳实践。此外，小李还撰写过不少合规方面的文章，为管理层和员工提供过多场合规培训。

小李顺利地加入了A公司，成为合规管理体系建设的负责人。通过人力资源部的介绍，小李非常清楚，虽然他自己对国际标准十分了解，但公司上上下下的人员都缺乏相关的基础知识。而他也需要进行充分调研，对企业现状进行全面了解和学习，才能深入浅出地向公司管理层和员工展示合规管理体系的全景。特别是需要基于公司人员的理解逻辑和理解水平，将合规的目标、原则、概念、流程和程序等向全员表达清楚，也就是说，他必须有能力以大家都能理解的逻辑来表达和呈现合规全景，形成合规教材、合规管理体系建设方案以及其他合规文件。

以哪里作为切入点来开展工作呢？经过调研，小李发现公司人员目前有两个最大的问题：一是完全不清楚合规管理体系的内涵和具体内容是什么；二是完全不清楚如何从无到有、逐步建立合规管理体系。他决定先以解决第一个问题为抓手，编写一套既符合国际标准又符合公司员工理解逻辑和理解水平的《合规培训手册》，只有这项知识普及工作做好了，才能为下一步建设合规管理体系打下基础。

小李深知，他面临的最大挑战是：即便他自己在合规管理方面很有经验，但要向公司各级人员呈现合规管理体系的全景却并不容易。他必须经过大量学习和思考，才能把国际标准中的抽象概念翻译成让公司人员都可以理解的《合规培训手册》。

例如，对于"合规管理体系的内涵和具体内容是什么"这个问题，国际标准文献只给出了非常抽象的描述："合规管理体系是一个框架，该框架是基本结构、方针、流程和程序的有机组合，其目的是实现预期的合规结果，并发挥作用以预防、发现和响应不合规……"文中到处都是这样抽象的文字，除了合规专家，没有人能读懂其含义，也无法想象出具体的应用场景到底是什么。

经过一段时间的学习和调研，并参考了大量资料，小李及其团队终于完成了适合公司的《合规培训手册》编写工作。例如，针对上面"合规管理体系"这个抽象概念，在《合规培训手册》中是这样解释的：

"框架：框架是一个基础结构或一套规则，它为特定目标或任务提供了指导和约束。例如，在一个建筑工程中，框架提供了建筑的基本结构和设计。在合规管理体系中，框架可以理解为规定企业如何实现合规的基本规则和指导原则。

基本结构：基本结构是构成某一事物的基础要素。对于合规管理体系来说，包括方针、流程、程序等。

方针：方针是指导行动的原则或策略。例如，公司的合规方针包括零容忍腐败的政策。

流程和程序：流程是由一系列步骤组成的，用于实现特定结果的一种方式。程序则更具体，通常包括一组详细的指示，说明如何执行一个任务。例如，公司有一个关于如何报告潜在合规问题的流程，其中包含具体的程序，如使用哪个表格、填写何种信息等。

有机组合：有机组合指的是各个部分的协同工作，以实现共同的目标。在合规管理体系中，基本结构、方针、流程和程序等元素需要协同工作，以实现合规目标。

合规结果：合规结果指的是通过实施合规管理体系达成的目标，比如降低违规风险、改善业务运营等。

不合规：不合规指的是行为或结果违反了法律、法规、标准或公司政策。

预防、发现和响应不合规：这是合规管理体系的主要任务。预防，是通过制定和执行合规政策、流程和程序等措施，防止不合规行为的发生；发现，是通过监控和审计等方式，查出可能的不合规行为；响应，是对发现的不合规行为采取适当的行动，包括纠正错误，防止再次发生，以及对责任人进行处理。"

上面这几段文字是对国际标准中"合规管理体系"这个抽象概念的逐词解释，既符合国际标准的原意，又比较容易理解。但是，小李认为这还不够具体，还需要与公司的实际情况和应用场景进一步结合。于是，他们在《合规培训手册》中又作出了进一步的解读：

"合规管理体系是一个框架：对于A公司来说，这个框架应该包括公司所有的合规活动，例如需要设计一套方针来规范国际贸易活动，包括如何遵守各国的进出口法规，如何处理不同地区的数据隐私问题等。

基本结构、方针、流程和程序的有机组合：比如，A公司需要设定一个方针来明确对于贿赂行为的立场——零容忍。根据这个方针，公司需要建立一个流程来防止贿赂行为的发生，例如供应商的选择和管理流程、员工的培训和教育计划等。

预防、发现和响应不合规：以贿赂为例，预防，就是上述的方针设立和员工教育；发现，就是定期的内部审计或第三方审计；响应，就是对违规行为的处罚，以及对流程和体系的修订。"

《合规培训手册》不仅在文字方面做出了相对容易理解、与公司实际情况相结合的解读，还提供了合规管理体系的逻辑框架全景图，以便全员形成全景化的认知和理解。

因此，这份《合规培训手册》既有体现合规管理体系的全景图，又有普通员工也能理解的文字解释，还有紧密结合公司业务和工作场景的各种举例，一经发布，便受到了全员的欢迎。为了让大家理解得更加透彻，小李还发挥了他的写作和培训才能，不仅撰写了多篇解读文章，还针对不同类别、不同职级的管理层和员工，开展了好几期合规培训。

培训手册、解读文章和培训课程的全方位传播方式，取得了非常好的知识普及效果，小李及其团队还因此获得了公司奖励。

我们回顾一下这个案例的大致过程。

首先，小李很清楚自己的使命、目标、任务与挑战。其次，基于这种理解，他主要做了三个步骤的工作：

第一步，对公司进行调研和分析，抓住了受众（即员工）的两个关键问题，并重新研究国际标准及相关资料，这是他自己的学习过程；

第二步，小李把公司现状与国际标准进行结合，把国际标准解读成受众可以理解的逻辑和文字，把合规管理体系的全景按照受众的逻辑进行重构，这是全景重构和转换的过程；

第三步，通过培训手册、文章和课程等方式进行知识宣讲和普及，从而帮助他人学习和理解、建立全景认知，这是表达和呈现的过程。

小李这一系列的工作思路和工作行为，完全践行了彼得·德鲁克的这句话："管理者会设法让自己的知识成为组织成长的机会。"

把上节的两个案例以及本节的一个案例联系起来看，它们体现了职场时代的三种学习场景：聆听领导布置工作、聆听领导讲话或阅读讲话文稿、学习国际标准并制定公司文件。这三个案例从简单到复杂、从个人学习到帮助他人学习、从个人成长到推动组织成长，可见，我们通过全景思维的应用，不仅可以重构和迭代自己的全景认知，还可以通过全景转化，来帮助他人建立或改进全景认知，从而推动组织学习和组织成长，这就是全景思维强大的组织价值和组织力量。

本节内容要点

1. 管理者不但要解决自己学习的挑战性问题，还要为其他员工提供全景式培训或为公司建立某种管理体系，用自己的全景认知来撬动组织成员的全景认知。

2. 在公司中引入新知识或新标准、建立新的管理体系等，要求负责人必须是复合型人才，既是相关专业领域的专家，又是全景思维专家。

3. 对公司的业务、管理、人员情况等进行全面调研和深入分析，是职场人士重要的学习场景之一，也是复杂且具有专业性的学习场景之一。

4.对业务、管理、人员情况等信息的获取程度和理解深度，将直接影响后续工作质量。

5.基于公司现状，把外部知识、标准、管理体系等按照受众的理解逻辑和理解水平进行全景重构和全景转化，可以帮助组织成员更好地学习和理解，帮助他人建立或改进全景认知，从而推动组织学习和组织成长。

6.全景思维具有强大的组织价值和组织力量。

第4章　全景思考：
用全景思维看透问题本质

不要试图将问题解决为你现在所拥有的思维模式，而是提升你的思维模式，然后问题就会迎刃而解。

——诺曼·文森特·皮尔

全景思维——思考与呈现的基本法则

全景思维流程

输入 ▶ 处理过程 ▶ 输出

第4章 全景思考：用全景思维看透问题本质

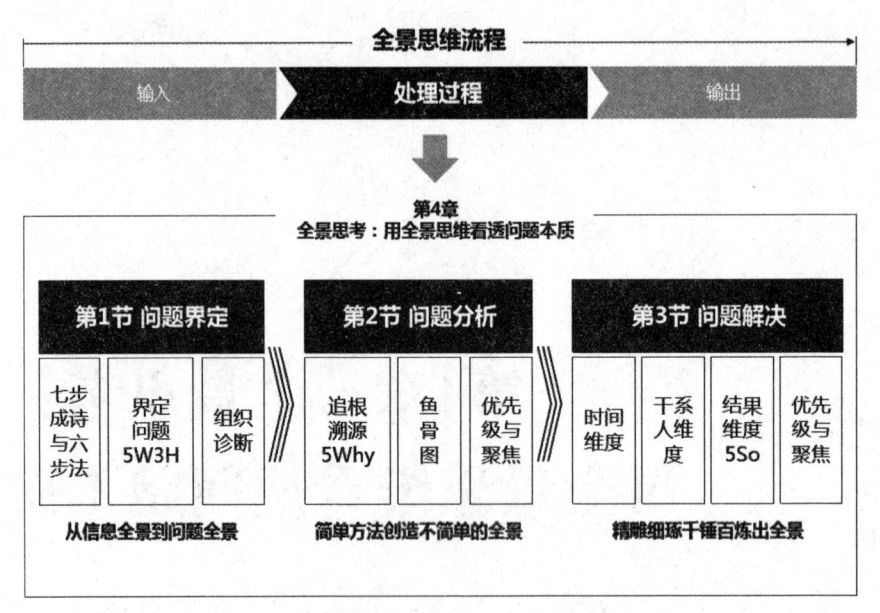

第1节 问题界定	第2节 问题分析	第3节 问题解决
七步成诗与六步法 / 界定问题 5W3H / 组织诊断	追根溯源 5Why / 鱼骨图 / 优先级与聚焦	时间维度 / 干系人维度 / 结果维度 5So / 优先级与聚焦
从信息全景到问题全景	简单方法创造不简单的全景	精雕细琢千锤百炼出全景

图4-1 第4章全景图

本章侧重于全景思维流程的处理过程。根据前文内容，我们已知：（1）全景思考原则及其基本操作原则；（2）解决问题至少需要构建六大全景；（3）问题逻辑的最优结构；（4）问题逻辑中的"问题"包括疑问型问题（Question）和差距型问题（Problem）。本章主要探讨全景思维在思考问题，特别是差距型问题分析和解决场景中的应用。

本章由三节内容构成。第1节探讨问题分析解决的全景框架，以及如何收集和挖掘信息、洞察信息之间的逻辑关系并发现问题，如何对问题进行精准界定和描述，从信息全景跳跃到问题全景。第2节探讨如何全面深入地分析问题，从思考链条的深度和思考视角的广度，不断探寻根源和本质，构建根源全景。第3节探讨如何多维度地思考和锤炼解决方案，通过恰当的逻辑关系构建方案全景。

第1节　问题界定：从信息全景到问题全景

提出正确的问题，往往等于解决了问题的大半。

——沃纳·卡尔·海森堡

关于如何分析和解决问题的理论、模型和工具层出不穷，麦肯锡咨询公司提出的"七步成诗"法就是广为流传的一种逻辑和流程。它把管理咨询顾问进行问题分析和解决的过程归纳为七个关键步骤，如图4-2所示。

步骤1：定义问题 → 步骤2：分解问题 → 步骤3：聚焦关键问题 → 步骤4：制订工作计划

步骤5：分析关键问题 → 步骤6：解决问题 → 步骤7：讲述来龙去脉

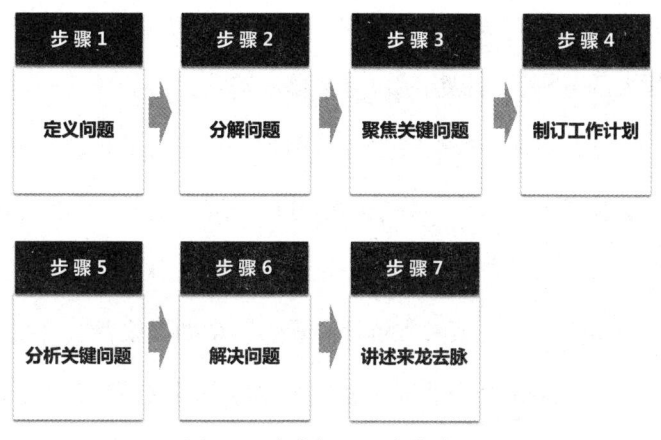

图4-2　麦肯锡"七步成诗"

步骤1，定义问题。首先要明确地定义问题是什么、问题的背景或动因是什么，以及需要达成什么目的和诉求等。这个步骤意在确立主题，可以帮助我们避免在解决问题的过程中偏离方向。

步骤2，分解问题。分析有哪些因素会影响这个问题，用逻辑树的方式把各因素拆解出来，从而将宏观的问题分解成若干子问题。这个步骤可以帮助我们更全面、深入地理解问题。

步骤3，聚焦关键问题。对分解出来的问题划分优先级，删除非关键问题，聚焦关键问题。这个步骤可以帮助我们聚焦关键，决定集中资源优先解决哪些问题，从而有效地分配资源。

步骤4，制订工作计划。根据问题的优先级，制订出明确可行的工作计划，包括具体工作事项、团队成员职责分工、可能用到哪些分析方法和工具、每项工作需要多长时间等。这个步骤可以帮助我们明确团队成员的分工协作、资源分配、工作成果等。

步骤5，分析关键问题。团队成员根据工作计划，运用各种专业逻辑、模型、工具等，针对关键问题开展深入分析、研究、推理，找出根本原因，以便开发有效的解决方案。这个步骤可以帮助我们综合应用各种专业工具进行深入的分析，为提出解决方案奠定基础。

步骤6，解决问题。根据各项分析结果进行综合分析和专业判断，开发出完整的解决方案。这个步骤是问题分析和解决流程的成果产出阶段。

步骤7，讲述来龙去脉。最后，把上述来龙去脉撰写成报告，向决策者进行汇报演讲，确保决策者理解核心观点，帮助决策者做出相关决策。

"七步成诗"的各个步骤都包含有思考与呈现的过程，但前六个步骤更侧重于思考，步骤7更侧重于呈现。

案例4-1-1是一个简化的应用案例。

案例 4-1-1：解决某公司产品质量问题

（定义问题）某公司出现了产品质量问题。通过调研，将问题定义为：在新产品线启用后的一个月内，A 生产线有大约 10% 的产品出现部分功能不佳的质量问题，导致某市两大客户退货，涉及约 200 万元。

（分解问题）通过分析，将上面问题分解为三个子问题：供应商提供的零件存在质量问题、A 生产线的操作流程存在问题、质量检查流程存在问题。

（聚焦关键问题）通过进一步分析，认为供应商提供的零件质量问题和 A 生产线的操作流程问题是最核心的两个关键问题，因此将它们设定为最高的优先级。

（制订工作计划）制订了具体的工作计划，包括与供应商进行详细讨论、观察和分析生产线的现场操作等。

（分析关键问题）对两个关键问题开展深入研究和专业分析。以生产线操作流程为例，通过综合应用相关的专业分析方法，发现问题的根本原因之一在于培训流程存在缺陷，导致员工没有得到适当的培训，从而在装配过程中没有遵循正确的流程。

（解决问题）基于各种分析结果，提出了系统化的解决方案建议，其中包括改进培训流程、增加培训资源、改进供应商管理等。

（讲述来龙去脉）团队成员撰写了详细的方案报告，清晰地阐述了上述观点，提出了解决方案建议，并同公司决策者进行了汇报演讲和沟通交流。

这七个步骤勾勒出了问题分析和解决的基本逻辑框架。但由于麦肯锡是一家咨询公司，是为受众，即甲方企业客户提供咨询服务的，并非方案执行主体，所以"七步成诗"强调的是咨询顾问的工作过程，到了步骤7"讲述来龙去脉"便结束，不涉及解决方案的执行与实施。

与麦肯锡不同，IBM既是一家知名的咨询公司，同时也是最著名的实体公司之一，因此，它提倡的问题分析解决六步法，既包括了思考过程，也包括了方案的执行和复盘过程。

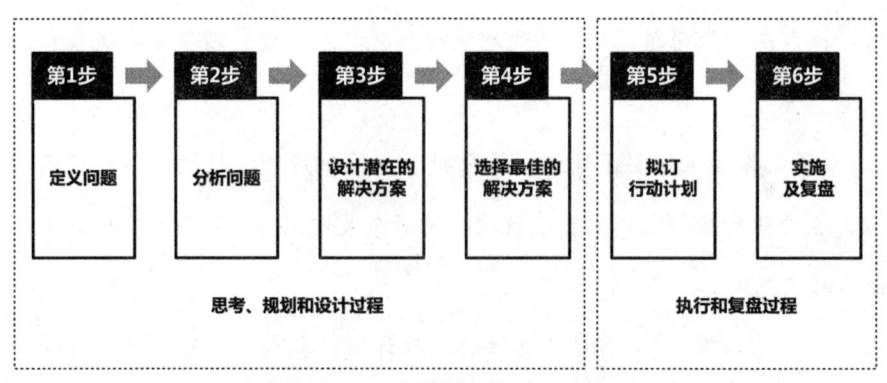

图4-3　IBM问题分析解决六步法

两者相比较，前者的步骤1、2、3基本等同于后者的第1步，步骤5等同于后者的第2步，步骤6等同于后者的第3和第4步。而步骤4"制订工作计划"和步骤7"讲述来龙去脉"，在后者中没有专门提出。同样地，六步法中的第5步和第6步，在七步成诗中也没有专门提出。

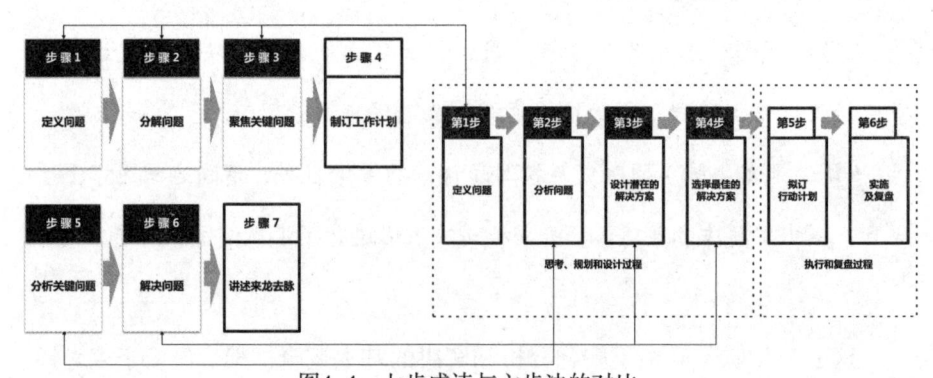

图4-4　七步成诗与六步法的对比

不论是七步成诗，还是六步法，还是其他公司、理论学者提出的各种逻辑框架，尽管划分阶段、表述措辞等各有不同，但归根结底，所蕴含的问题分析解决的全景和核心逻辑要素都是大同小异的，都包括问题的发现、定义与界定、问题的分析、问题的解决、解决方案的实施等。

本节以及后面两节就以三项核心的逻辑要素为主线，分别探讨在问题界定、问题分析与问题解决这三个关键步骤中，如何具体应用全景思维和全景思考原则。

先说问题界定。

有一句话叫作"你以为的，就真的是你以为的吗？"先看案例4-1-2。

案例4-1-2：你以为的，就真的是你以为的吗

我们看到员工离职率为10%，超过了公司的历史平均数据，就认为公司的激励体系存在问题，导致员工没有得到足够的激励，纷纷离职。

我们看到公司业务增长速度放缓，从去年的10%下降到8%，就认为公司的战略方向或者管理体系出现了问题，导致公司发展速度不理想。

我们经过调研，发现10%的客户提出公司的产品种类不够丰富，不能满足多样化需求，就认为公司产品研发存在问题，应当增加产品研发投入，从而提供更加丰富的产品种类。

我们经常会把看到的某些"现象"，自然而然地认为是某种"问题"。现象，是客观的事实，而问题，则是我们主观判断得出的观点和结论。当我们看到某些现象时，如果不那么快地下结论，而是进一步收集相关信息、数据，努力获取相对完整全面的信息全景，再进行分析和判断，可能

会发现这根本就不是一个问题,或者不是我们最初以为的那个问题。

案例 4-1-3:你以为的,就真的是你以为的吗(续)

员工离职率为 10%,实际情况可能是:公司开展了一次全面的人才盘点和人才招聘流程梳理,发现在招聘模式和人才评价环节存在比较大的问题,引进了一些与战略需求不符的人员,因此,公司通过一系列的考核与评估,进行了重新的筛选,在 10% 的离职率中,有 7% 是公司主动优化重组的人员。

公司业务增长速度从去年的 10% 下降到 8%,实际情况可能是:由于政治、经济等宏观原因,公司所在行业发生了全面的业务下滑,很多企业的业绩严重衰退甚至破产,但是该公司却仅仅是业务下滑,没有致命危机。

10% 的客户提出公司的产品种类不够丰富,实际情况可能是:第一,这些客户大部分不属于公司战略聚焦的目标客户群体;第二,公司的价值观是在以客户为中心、满足客户合理需求的前提下,提供性价比更高的产品组合,而不是无原则、不选择地听从客户意见,动摇战略定力。

可见,当初始信息由"员工离职率为 10%""公司业务增长速度从去年的 10% 下降到 8%""10% 的客户提出公司的产品种类不够丰富"扩大到一定范围时,我们所构建的信息全景也在不断扩大,从而可能会得出不同的结论,发现不同的问题。这就是对全景思考原则第一条基本操作原则的具体应用:"全面收集和挖掘信息,构建信息全景。是指尽可能全面地收集和挖掘信息,包括各种事实、现象、数据、案例等,为后续的问题界定、分析与解决提供信息全景。"

如果收集、挖掘的信息足够全面，不仅能帮助我们判断这是不是一个问题，同时也能帮助我们更加准确地界定和描述问题。

例如，在生活中，我们经常会彼此询问"最近过得怎么样"，对方的回答往往是"挺好的"。这种笼统的一问一答，相信没有人会刻意深究下去。但是在工作中，这样的逻辑层次有时候就会显得不够深入、不够具体了。比如说，如果我们向上级汇报："经过调研，发现员工士气不高，公司的激励体系出了问题……"那么，这种对问题界定和描述的方式就过于宏观、笼统，很难对症下药予以解决。

这时候，我们可以借助5W3H的思路来挖掘信息，同时把一个宏观、笼统的问题具体化，从而更加精准地界定和描述这个具体问题。5W3H包括：Who（谁）、What（什么）、Which part（哪个部分或哪个环节）、When（什么时间）、Where（什么地点）、How（怎样或什么方式）、How many（多少）、How much（多少钱或多大程度）。

还以"七步成诗"的那个案例为例，看看在"定义问题"时，如何用5W3H来挖掘信息。

案例4-1-4：解决某公司产品质量问题（续）

问（What）：出现了什么问题？

答：产品质量出现了问题，发生了客户退货……

问（Who）：是谁反映的这个问题，或者说，是谁发现了这个问题？

答：我们的两个大客户都反映了这个问题……

问（When）：大客户是在什么时间反映这个问题的？

答：集中在最近的一个月之内……

问（When）：是在我们启用新生产线之后吗？

答：是的。

问（Where）：这两个大客户都是哪里的？

答：都是某市的，他们对质量标准的要求比其他城市的客户更高……

问（Which part）：是哪条生产线的产品？

答：都是 A 生产线……

问（How）：根据这些大客户的反映，产品质量是怎样不符合标准的？

答：产品的部分功能不能很好地实现……

问（How many）：有多少产品出现了这些质量问题？

答：大约有 10% 的产品……

问（How much）：退货产品涉及多少金额？

答：大概 200 万元，我们还需要再核实一下……

经过上面的过程，我们可以这样界定和描述问题：在新产品线启用后的一个月内，A 生产线有大约 10% 的产品出现部分功能不佳的质量问题，导致某市两大客户退货，涉及约 200 万元。

需要注意的是：

第一，这里的 5W 不包括 Why。在"问题界定"这个步骤中，重点是收集和挖掘客观的信息，用于澄清事实和发现问题，而不是分析问题的原因。因此，在精准界定一个问题之前，先不必急于问 Why，否则容易被主观印象和经验主义误导方向。

第二，5W3H 的提问方式不是固定不变的。需要综合应用以及不断循环应用，而不是死板地按照 5W3H 的既定顺序进行提问。

第三，被提问者往往不会完全按照提问者预设的逻辑和思路去应答，因此他们回答的信息经常是发散的，这就要求提问者具有较强的全景思维和逻辑能力、提问能力和引导能力，先把预设的信息全景分散到各个问题中去，再把对方回答的零散信息整合、还原成信息全景。

第四，5W3H 既可以对他人进行提问，也可以用自问自答的方式帮助自己进行更加全面、深入的全景思考。

上面是一个比较简单的案例。当我们需要对复杂的问题、多个问题进行澄清和界定时，往往需要应用专业的组织诊断模型和诊断技术。

组织诊断模型，实质上就是对一个组织进行现状调研和问题诊断的逻辑框架全景图。7S 模型与六盒模型就是通用的两个组织诊断模型，分别从七个维度、六个维度来分析组织的整体状况，从而诊断出问题所在。

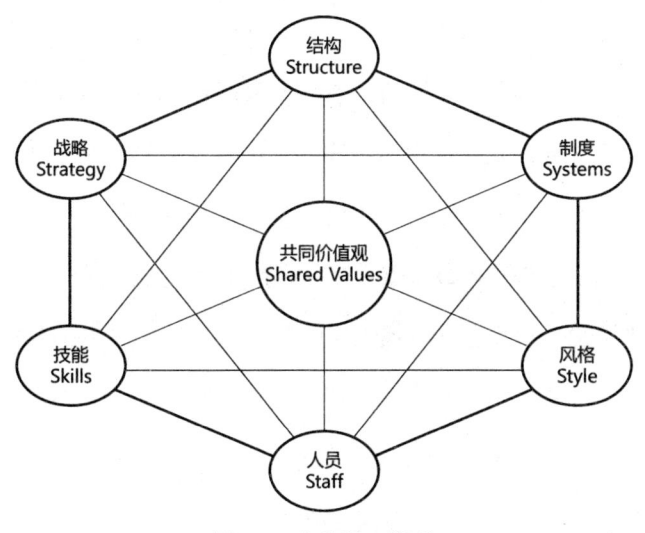

图4-5 麦肯锡7S模型

图4-6 六盒模型

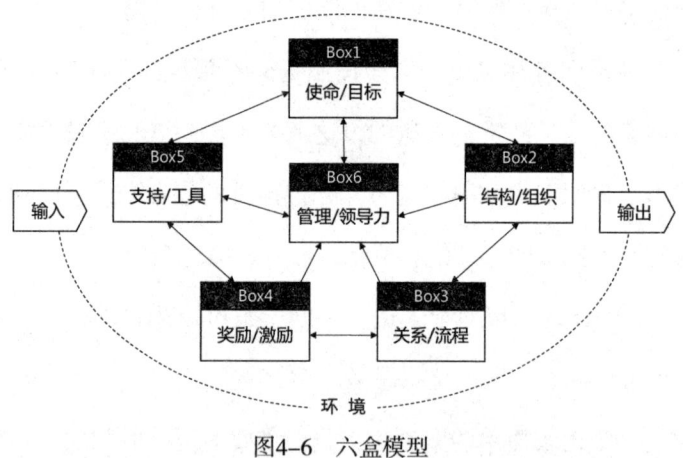

这些都是已有的成熟模型和逻辑全景，可以直接用来指导企业的问题诊断工作。在实际工作中，成熟模型有时候并不适用，这就需要我们基于专业知识和专业经验来开发和创造诊断模型，构建出适合特定场景和特定目的的逻辑全景图。

在诊断模型的全景框架指导下，我们还需要应用专业的诊断技术，例如访谈技术、专业研讨会、调研问卷等开展具体的调研和诊断工作，再经过专业分析和判断，可以发现组织中存在的若干问题。接着，我们要用适当的逻辑标准进行筛选，删除非关键问题，保留关键问题，再把这些关键问题按照一定的逻辑关系做出图示，就形成了问题全景图。

以上过程就是对全景思考原则第二条基本操作原则的具体应用："精准描述和界定问题，构建问题全景。是指对各种信息进行分析诊断，发现关键问题，进行精准描述和界定，用恰当的逻辑关系构建问题全景。"这是进行问题分析和问题解决的前提和基础。

本节内容要点

1. 麦肯锡七步成诗法和 IBM 的六步法都是问题分析和解决的通用全景框架。

2. 不论是哪种逻辑框架，它们所蕴含的问题分析解决的全景和核心逻辑要素都是大同小异的。

3. 问题界定、问题分析与问题解决是最核心的三个逻辑要素。

4. 不要混淆现象与问题。

5. 现象，是客观的事实；问题，是主观判断得出的观点和结论。

6. 如果能努力获取相对完整全面的信息全景，再进行分析和判断，可能会发现这根本就不是一个问题，或者不是我们最初以为的那个问题。

7. 5W3H 可以用来挖掘信息，也可以把宏观、笼统的问题具体化，从而更加精准地界定和描述这个具体问题。

8. 在精准界定问题之前，不必急于问 Why。

9. 5W3H 的提问方式，需要综合应用以及不断循环应用。

10. 5W3H 提问，要求提问者先把预设的信息全景分散到各个问题中去，再把对方回答的零散信息整合、还原成信息全景。

11. 5W3H 既可以对他人进行提问，也可以用自问自答的方式帮助自己进行更加全面、深入的全景思考。

12. 组织诊断模型，实质上就是对一个组织进行现状调研和问题诊断的逻辑框架全景图。

13. 麦肯锡 7S 模型与六盒模型是通用的组织诊断模型。

14. 经过组织诊断，可以发现多个问题，需要用适当的逻辑标准进行筛选，删除非关键问题，保留关键问题，并做出问题全景图。

第2节　问题分析：简单方法创造不简单的全景

> 生活的智慧大概就在于逢事都问个为什么。
>
> ——巴尔扎克

在得到一个或一组精准描述的问题之后，就要对这些问题开展更加全面、深入的分析，不断地探寻根源和挖掘本质。这个过程越充分，越能帮助我们建立更全面的思考视角和更深入的思考链条，从而构建更真实的根源全景和问题全景。

5Why法通常被视为追根溯源的一个好方法。其思考逻辑是：从一个精准的问题开始，连续追问若干个Why，自上而下逐层分析原因，这样，就能从表层原因一直追问到深层原因，从表面现象一直追溯到根源和本质。

依然以"解决某公司产品质量问题"为例，看看在"分析问题"时，如何用5Why法来追根溯源。

案例4-2-1：解决某公司产品质量问题（续）

问题：在新产品线启用后的一个月内，A生产线有大约10%的产品出现部分功能不佳的质量问题，导致某市两大客户退货，涉及约200万元。

（Why1）两个大客户为什么退货？

（答案）因为产品的部分功能不能很好地实现……

（Why2）为什么产品的部分功能不能很好地实现？

（答案）因为产品的部分零件不符合质量标准……

（Why3）为什么产品的部分零件不符合质量标准？

（答案）因为在装配过程中，零件没有被正确安装……

（Why4）为什么在装配过程中，零件没有被正确安装？

（答案）因为操作工没有遵循正确的装配流程……

（Why5）为什么操作工没有遵循正确的装配流程？

（答案）因为他们没有得到恰当的培训……

（Why6）为什么他们没有得到恰当的培训？

（答案）因为培训流程有一些缺陷，既没有要求必须培训，也没有规定如果不培训将有怎样的处罚。此外，管理人员对培训没有给予足够的重视，也没有提供充分的培训资源……

从案例 4-2-1 可以看出，通过连续追问 Why 的方式，得到了问题的深层次原因。这个案例没有像 5W3H 那样采用"问""答"作为措辞，是因为 5W3H 主要是收集客观信息的过程，可以通过问答或者类似问答的方式来实现；而 5Why 则是分析和推理过程，往往不是一问一答这么简单，每一个答案都是通过收集相关信息、进行专业分析和专业判断后得出的结论，而这个结论也许是正确的，也许是片面，甚至是错误的。

除了 5Why 法之外，鱼骨图是另一种常用的问题分析工具。它和 5Why 法一样，都蕴含了金字塔逻辑，被广泛应用于问题分析和解决的场景中。

案例 4-2-2：某公司客户满意度下降的原因分析

赵经理在某公司负责客户管理和客户服务。近期，他发现了客户满意度持续下降的问题。于是，他组织部门成员召开了问题分析研讨会。大家决定采用鱼骨图的思路来分析问题原因。

第一步，他们将"客户满意度下降"画在鱼骨图的右侧，这就是要解决的核心问题。

第二步，他们初步判断，认为导致客户满意度下降的原因可能有四种主要因素：产品、促销、渠道、流程。

第三步，他们结合最近半年以来的客户满意度月度调研报告，针对每个可能的因素展开具体分析和讨论。

第四步，经过分析和讨论，他们画出了如图 4-7 所示的鱼骨图：

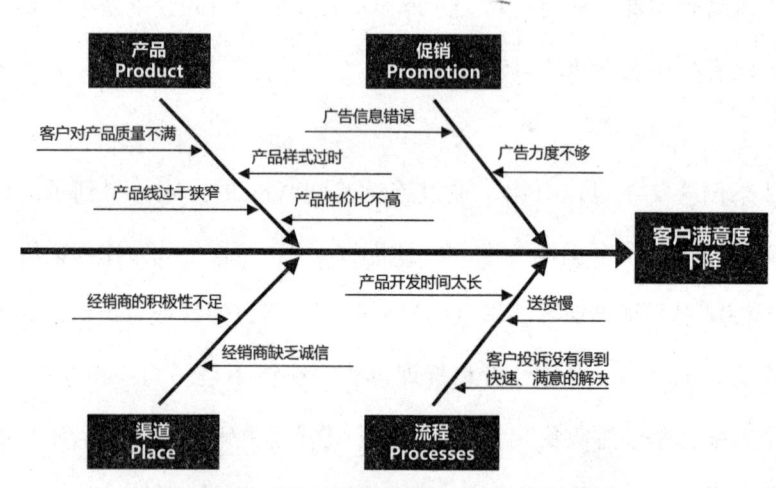

图4-7 客户满意度下降的原因分析鱼骨图

赵经理认为这只是初步分析的结果。会后，他还要收集更详细的数据和案例，还将组织其他部门的同事、客户代表等进一步讨论和研究，以判断这些原因是不是真实的原因，是否还需要增加、删减和调整。

作为两种主要的问题分析方法，5Why 法更侧重于对问题进行纵向的追根溯源，鱼骨图更侧重于问题分析的全面性。我们可以借鉴两种方法的逻辑和思路，结合起来使用。

案例 4-2-3：某公司客户满意度下降的原因分析（续）

赵经理经过进一步调研，认为"客户投诉没有得到快速、满意的解决"是导致客户满意度下降的关键原因之一。针对这个问题，他和部门成员又运用 5Why 法进行了深入分析。

（Why1）为什么客户投诉没有得到快速、满意的解决？

（答案）因为客服人员向技术人员反馈问题后，技术人员提供技术支持的流程太长⋯⋯

（Why2）为什么技术人员提供技术支持的流程太长？

（答案）因为技术人员不太重视，不愿意处理⋯⋯

（Why3）为什么技术人员不太重视，不愿意处理？

（答案）因为对技术人员的考核指标里面没有客户投诉响应速度⋯⋯

（Why4）为什么对技术人员的考核指标里面没有客户投诉响应速度？

（答案）因为对"响应速度"很难定义⋯⋯

无论是 5Why 法、鱼骨图，还是其他分析方法，方法本身也许并不复杂，也很容易理解和掌握，但重点是应用这些方法产出的分析成果质量如何。从全景思维的角度来看，我们的目标就是要用简单的方法创造出不简单的、高质量的全景。这有一个重要的衡量标准：用这些方法产出的分析成果是否构成了一幅真实的全景？是否遗漏了什么？是否还可以纵向延伸、横向扩展？

比如，在这个案例中，如果赵经理想得到真实的原因全景，还需要进行更深入的分析。

案例 4-2-4：某公司客户满意度下降的原因分析（续）

赵经理发现，这一连串的 Why 和答案都是针对技术人员的，难道客户管理和客户服务部门自己就没有责任吗？于是，他又组织部门成员召开了一次问题分析会，说道："今天会议就一个主题：进行自我剖析，从内因角度分析这些问题。"

经过讨论，针对"客户投诉没有得到快速、满意的解决"这个问题，他们又得到了如下答案：

（Why1）为什么客户投诉没有得到快速、满意的解决？

（答案）因为客服人员缺乏解决简单问题的能力，不论是简单的投诉问题，还是复杂问题，都统统抛给技术人员，被动地等着他们处理……

（Why2）为什么客服人员缺乏解决简单问题的能力？

（答案）因为客服人员大部分都是刚参加工作的伙伴，不具备必要的产品知识和技术知识……

（Why3）为什么客服人员大部分都是刚参加工作的伙伴，不具备必要的产品知识和技术知识？

（答案）因为公司业务发展太快了，急需大量的客服人员，降低了招聘要求，而且他们来不及经过充分培训，就匆忙上岗……

（Why4）为什么降低了招聘要求？为什么来不及经过充分培训，就匆忙上岗？

（答案）因为客服部没有配合人力资源部作好人员数量和素质的规划，导致在公司业务迅猛发展的情况下，没有提前招聘、做好足够的人才储备，因此不得不降低招聘要求……因为客服部有经验的人都不愿意花时间做兼职内训师，同时客服工作又急需用人，所以只好让没有经过培训的新人匆忙上岗……

结合两次分析结果，赵经理画出了图4-8：

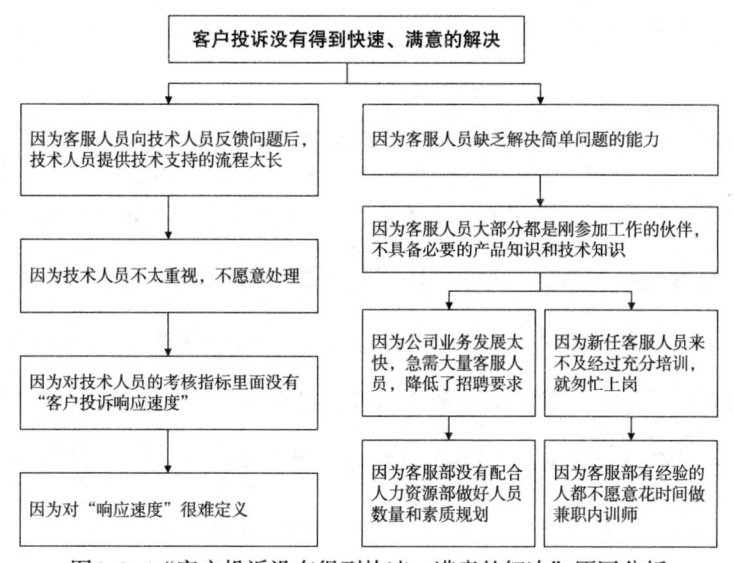

图4-8 "客户投诉没有得到快速、满意的解决"原因分析

对问题进行逐层分析、由表及里挖掘本质、直到找到根源的过程，就是不断纵向延伸思考链条长度和深度的过程，也是不断横向拓宽思考视角广度的过程。思考视角的广度，是指对问题要进行多维度、多方面的分析，其中就包括从内因和外因角度进行全面分析。

在这个案例中，赵经理就意识到了内因分析的重要性。如果他和团队成员能够把鱼骨图中所有一级问题、二级子问题、三级子问题等都分析到位,那么就会得到一张内容丰富、逻辑清晰的根源全景图,同时也是一张洞察全面、理解深刻的问题全景图。

分析问题的目的是解决问题,而解决问题是需要花费资源的,在有限资源的情况下必须划分优先级,确保把资源用于最关键的事情上。因此,在探寻根源全景和问题全景的过程中,不仅要在分析的深度和广度等方面做加法,还要善于做减法,把相对不那么重要、不那么紧急,或者不可控的问题删减掉,从而让我们更加聚焦到关键问题上。

案例 4-2-5:某公司客户满意度下降的原因分析(续)

赵经理邀请跨部门同事一起参加客户满意度下降问题研讨会,展示了已经得到的分析成果。他说:"这次研讨会的目的是做减法,大家共同研讨出最关键的五个原因,后面我们会集中精力优先解决这些问题。"

通过激烈的讨论,大家纷纷表达了以下建议:

(1)产品线过于狭窄:公司目前的战略方向是把已有产品做得更精细化,而不是拓展产品线,因此这一项的优先级可以往后放。

(2)客户对产品质量不满、产品性价比不高:公司历来把提供高性价比的产品视为最重要的战略之一,因此这两项可以合并开展后续工作。

(3)经销商的积极性不足、经销商缺乏诚信:公司刚刚修订完成新版本的经销商管理办法,计划于下月初开始进行培训及实施,因此这两项可以暂时删除。

(4)客户投诉没有得到快速、满意的解决:这一项确实是导致客户满意度下降的重要原因之一,因此放到高优先级。

……

研讨会结束时，大家一致同意以下五项原因是最为关键的：客户对产品质量不满、产品性价比不高、客户投诉没有得到快速满意的解决、送货慢、广告力度不够。

由于前两项可以合并研究，所以赵经理把这五项关键原因转化为四项急需解决的关键问题：

（1）如何提高产品性价比，为客户提供又好又便宜的产品？

（2）如何快速响应和解决客户投诉，提升客户满意度？

（3）如何提高送货速度，确保产品安全及时地送达？

（4）如何增强广告力度，确保客户关心的信息能被快速、准确地传递？

除了5Why法和鱼骨图之外，还有很多通用的问题分析方法，例如问题树、逻辑树、流程分析法、比较分析法、现场分析法、PDCA循环分析法等，也有很多适用于某种专业领域的分析方法，例如战略分析、财务分析、人员分析等。不论采用哪种问题分析方法，都请记住全景思考原则中的第三条基本操作原则："追根溯源和深入分析，构建根源全景。是指对关键问题开展全面、深入分析，既要有分析的高度和深度，也要有广度，纵向到底、横向到边，直至找到问题的根源和本质，构建根源全景。"

本节内容要点

1.探寻根源和挖掘本质的过程越充分，越能帮助我们建立更全面的思考视角和更深入的思考链条，从而构建更真实的根源全景和问题全景。

2. 5Why 法的思考逻辑：从一个精准的问题开始，连续追问若干个Why，从表层原因一直追问到深层原因，从表面现象一直追溯到根源和本质。

3. 5Why 法是分析和推理过程，每个答案都是专业分析和专业判断后得出的结论，也许是正确的，也许是片面，甚至是错误的。

4. 5Why 法和鱼骨图都符合金字塔逻辑，前者更侧重于对问题进行纵向的追根溯源，后者更侧重于问题分析的全面性，两种方法可以结合应用。

5. 问题分析方法本身也许并不复杂，重点是应用这些方法产出的分析成果质量如何。

6. 全景思维的目标就是要用简单的方法创造出不简单的、高质量的全景。

7. 一个重要的衡量标准：用这些方法产出的分析成果是否构成了一幅真实的全景？是否遗漏了什么？是否还可以纵向延伸、横向扩展？

8. 对问题进行逐层分析、由表及里挖掘本质、直到找到根源的过程，就是不断纵向延伸思考链条长度和深度的过程，也是不断横向拓宽思考视角广度的过程。

9. 如果把各级问题和子问题都分析到位，就会得到一张内容丰富、逻辑清晰的根源全景图，同时也是一张洞察全面、理解深刻的问题全景图。

10. 在探寻根源全景和问题全景的过程中，不仅要在分析的深度和广度等方面做加法，还要善于做减法，确保聚焦到关键问题上。

第3节　问题解决：精雕细琢千锤百炼出全景

循环锤炼你的方案，去除方案的缺陷。

——横田尚哉

当问题被精准地界定、问题分析也足够全面和深入透彻的时候，解决方案的产生似乎也就顺理成章、水到渠成了。

案例4-3-1：解决某员工经常请假和精神状态不佳的问题

某企业是一家注重员工关怀的公司。有一段时间，刘经理注意到小张经常请假，上班掐着点来，下班也总是匆匆地离去。这天，他看到小张似乎状态不佳，时不时地打瞌睡，于是就走到他身边，拍了拍他的肩膀。

两人一起到小会议室坐了下来。他递给小张一瓶水，问道："你今天好像不太开心，精神状态也不太好，是不是身体不舒服？"

小张点了点头："是的，刘经理，我最近总是感到不太舒服。"

刘经理："是工作压力太大了吗？需不需要我调整一下工作安排？"

小张："不是的，是我自己没有管理好时间，最近每天晚上都熬夜，上班的时候总是觉得很疲惫。"

刘经理:"咱们公司一直都很注重伙伴的身心健康,也不提倡无节制地加班、熬夜。能跟我说说你总是熬夜的原因吗?"

小张犹豫了一会儿,还是说出了自己的情况……

最后,刘经理再次拍了拍小张的肩膀,说道:"你今天回去好好休息。你的情况,我会再考虑考虑,看看有什么好的解决办法。"

小张离开后,刘经理对谈话内容进行了梳理,画出了如图4-9所示的草图:

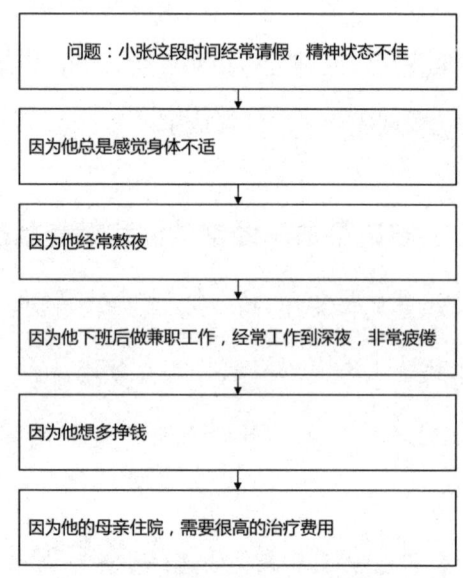

```
问题:小张这段时间经常请假,精神状态不佳
         ↓
因为他总是感觉身体不适
         ↓
因为他经常熬夜
         ↓
因为他下班后做兼职工作,经常工作到深夜,非常疲倦
         ↓
因为他想多挣钱
         ↓
因为他母亲住院,需要很高的治疗费用
```

图4-9 员工经常请假和精神状态不佳的原因分析

刘经理又思考了一会儿,增加了对解决方案的想法:

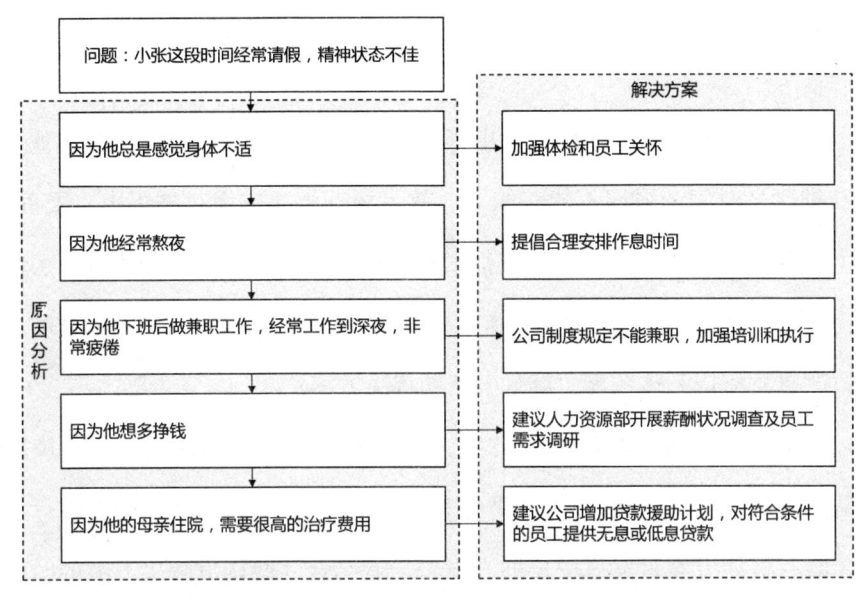

第4章 全景思考：用全景思维看透问题本质

```
问题：小张这段时间经常请假，精神状态不佳

原因分析：
- 因为他总是感觉身体不适  → 加强体检和员工关怀
- 因为他经常熬夜  → 提倡合理安排作息时间
- 因为他下班后做兼职工作，经常工作到深夜，非常疲倦  → 公司制度规定不能兼职，加强培训和执行
- 因为他想多挣钱  → 建议人力资源部开展薪酬状况调查及员工需求调研
- 因为他的母亲住院，需要很高的治疗费用  → 建议公司增加贷款援助计划，对符合条件的员工提供无息或低息贷款

解决方案
```

图4-10 员工经常请假和精神状态不佳的解决方案

在案例中，刘经理做了三个步骤：第一步，通过现场观察和双向沟通来收集信息，发现表层现象以及更深层次的客观事实；第二步，对信息进行梳理，分析问题的原因和根源；第三步，针对原因和根源，层层递进地思考解决方案。

针对问题的原因和根源拟出解决方案后，还要从全景思维的角度审视解决方案是否具有系统性、全面性和完备性，精雕细琢、千锤百炼，才能提高方案质量，产出解决方案的高质量全景。具体方法有很多，这里着重探讨三种思考维度：时间维度、干系人维度和结果维度。

1. 从时间维度思考解决方案。

从时间维度思考解决方案，是指不仅要有针对某个具体问题如何处理的短期解决方案，也要有针对某一类问题如何预防的中长期解决方案。短期方案是"救火"，长期方案是"防火"。所以，这里所说的时间，既有短期、中期、长期的意思，也有事前风险预防、事中问题处理和事后复盘反思的含义。

比如案例 4-3-1，如果仅对小张个人进行体检、加强关怀、教育他合理安排作息时间、强调不能兼职等，就是短期解决方案。如果由点及面，由个人到组织，对公司所有伙伴都增加体检福利、长期进行员工关怀、教育大家合理安排作息时间和不能兼职，同时，公司组织开展薪酬福利调查，改进薪酬福利体系等，就是中长期解决方案。

一般地，设置中长期解决方案，可以从流程制度的建立健全、风险预防、跨部门协作、相关人员受到教育、建立公司案例库等角度进行考虑。既有短期方案，又有中长期方案，二者结合才能构成解决方案的时间全景。

2. 从干系人维度思考解决方案。

从干系人维度思考解决方案，是指解决方案要考虑到多方干系人的利益诉求，特别是要有逆向思维和批判性思维，站在反对方、质疑方的视角进行反向思考和充分辩论，再提出相对更缜密的解决方案。

案例 4-3-2：关于区域管理模式的辩论

某连锁经营集团公司业务迅猛发展，越来越多的门店经理被提拔为区域经理。由于区域和门店长期以来只是执行总部政策，因此区域经理和门店经理普遍都具有很强的执行力，但是缺乏战略思维、经营思维和系统性管理能力。为了培养更多的复合型管理人才，公司考虑给予区域更多的管理权限，使区域经理成长为类似子公司总经理的角色。

这无疑是一个重大的转型和挑战，不仅可能会影响业务的正常发展，也会影响总部—区域—门店三级管控模式，更会影响区域经理的责权利分配，因此很多区域经理都人心惶惶，暗自抵触，不敢或不愿接受新模式的考验。

在这种情况下，公司该怎么办？是发布一道命令强制执行，还是稳字当头、继续保持现状？

当时，我受邀一起参与公司的管理改进项目。从华为的红蓝军机制中受到启发，我和公司领导计划用一场类似红蓝军辩论赛的方式来引导区域经理群策群力，共同讨论这个问题。

这是一次两天两晚的工作坊，主题就是关于区域管理模式的讨论。

第一步，数十人的区域经理随机分成两个大组，分别做"命题作文"：不管本人实际赞成哪种模式，第一组讨论A模式（现有模式），第二组讨论B模式（新模式），讨论内容可以包括但不限于每种模式的具体特征、权限分配、优劣势分析、风险挑战及应对策略等，并将讨论结果用全景图的形式进行概括和呈现。

第二步，两组分别派代表分享讨论结果，并现场回答伙伴提出的质疑。

第三步，分享结束后，所有区域经理都不再受分组局限，而是回归本来的工作角色，投票选择自己赞成的模式。此时，部分区域经理的想法已和最初有所不同。经过投票，区域经理形成了赞成A的一组和赞成B的一组。

第四步，为两组分配辩论主题——赞成A的一组是"我赞成B模式"，赞成B的一组是"我赞成A模式"。这种突然的角色反转让大家感到猝不及防，但也觉得新鲜有趣。

第五步，两组成员分别进行辩论准备。在此期间，我不断提醒大家要站在对方角度进行全面思考，充分运用逆向思维和批判性思维，思考如何说服对方。在这个步骤中，其实大家本质上是在说服自己，但是似乎没有人意识到这一点，所有人都兴致盎然地讨论着如何说服对手。

第六步，两组开展激烈的辩论。这时候，大家全都忘记了自己原本就是那个对手。

第七步，辩论结束了，我邀请所有区域经理再次脱离组员的角色，静静地思考自己到底选择赞成哪种模式。思考之后，再默默地站到赞成 A 或 B 的两个方位上。

第八步，此时，已经形成了赞成 A 和 B 的两大阵营。大家都望向公司领导，急切地想知道答案——公司的决策到底是什么。

公司领导用幽默的口吻说："如果，现在还有第三种方案呢？"停顿了一会儿，接着说："公司决定，选择三个不同类别的区域做 B 模式的试点，其他区域暂时不变！"区域经理们愣了几秒钟，接着便爆发出一阵掌声和欢呼声。

从最初的忐忑不安、怀疑、恐惧，到接受指令不得不做"命题作文"，到初次投票和角色翻转，再到忘记自己就是对手、倾情参与讨论和辩论，再到冷静下来倾听内心的声音，再到出乎意料的结果……所有的怀疑、不解、对两种方案的纠结，在最后这一刻都得到了平衡和释放。

在这个案例中，我们设计工作坊的核心思想，就是把自己代入反对方的角色，充分运用逆向思维和批判性思维，通过反复思考、讨论和辩论的方式，力求把解决方案锤炼得更扎实，把方案全景思考得更加缜密和完善。

3.从结果维度思考解决方案。

从结果维度思考解决方案,是指运用想象力和创造力,推测、预判如果实施了这些方案将会带来什么结果、后果,或造成什么影响,再对这些解决方案进行调整、补充或删减。

5So法就是这样的一种方法。与5Why法连续追问若干个Why类似,5So法是指连续追问若干个So what,即结果怎样?那又怎样?有什么后果?有什么影响?5Why法是对原因的探寻和判断,5So法是对结果、后果、影响的推导和判断。因此,可以把5Why法与5So法视为思维链条的两端。如果两种方法结合应用,不妨统称为"前因后果法",可以延伸思维链条的长度和深度。

案例4-3-3:解决门店没有卫生间的问题

这是一家以卓越服务著称的连锁餐饮集团公司。有一次,顾客投诉位于某购物中心的一个门店没有卫生间,需要走很远去找购物中心的卫生间,非常麻烦。

店长接到投诉后,进行了调研,发现直接原因是当班服务员没有做好顾客的安抚和店外卫生间的指引工作,深层次的原因则是领班没有做好这个细节的培训和督导。

于是,店长做出了如下解决方案:短期方案,当班服务员和领班一起向顾客道歉,并赠送代金券;中长期方案,门店加强对所有领班和服务员的培训和督导,每天进行检查和抽查。

集团总部接到店长报备的解决方案后,又从公司层面进行了分析,发现更深层次的根源是：拓店部的部分员工不考虑顾客需求，为了快速完成签约任务，在和购物中心的物业签订合同时，同意了对方提出的"不在店内设计卫生间"的要求……（其他内容略）

于是，总部做出了如下解决方案：短期方案，为了表示公司的歉意和感谢，由店长亲自带领领班和服务员向顾客道歉……（其他内容略）

总部运用5So法对上述方案进行了分析和修订。针对"店长亲自带领领班和服务员向顾客道歉"这条措施，过程大致如下：

（So what1）可能会让店长觉得委屈，认为门店本来就是这样设计的，和自己无关，凭什么让自己去道歉。

（So what2）店长可能会认为公司不公平，如果总部出问题，就会让店长"背锅"。

（So what3）影响店长工作积极性，并可能向其他店长进行不良传播，对公司文化带来伤害。

做出上面分析后，总部补充了两条解决方案：第一，拓店部总监亲自向店长道歉并致谢，感谢他们为公司提供了一个很好的案例，引起了公司的重视和反思；第二，公司设立奖励机制，如果店长发现总部职能部门出现了工作疏漏，可以向区域经理或相关部门反馈，公司进行相应的奖励。

从这个案例可以看出，先拟出解决方案，再用5So法追问这些方案可能产生的结果、后果、影响，进而再进行调整、补充或删减，这种思考方式可以帮助我们开发更加全面、系统的解决方案。

解决问题专家横田尚哉曾说："循环锤炼你的方案，去除方案的缺陷。"时间维度、干系人维度和结果维度，既是构建解决方案全景的三种思考维度，也是对解决方案进行锤炼的三种工具。

和问题界定、问题分析一样，对于产出的解决方案，也需要进行优先级分析，运用战略契合度、操作可行性、创新性、实施效果或收益、实施风险、实施成本、重要性和紧急性等各种筛选标准进行权衡、取舍，从而做出减法。最后，还要将筛选出来的解决方案按照一定的逻辑结构进行重组，体现出各个解决方案之间的逻辑关系，从而形成解决方案全景。为了加深理解，我们可以看案例4-3-4，比较一下解决方案的两张全景图。

案例4-3-4：改进绩效管理体系

孙经理拟出了一些改进绩效管理体系的解决方案。他对小林说："你帮我把这些解决方案用PPT做个全景图，不用太复杂。"一边说，一边递给小林一张A4纸，上面有他手写的解决方案。

小林很快就做出了一张如图4-11所示的全景图。

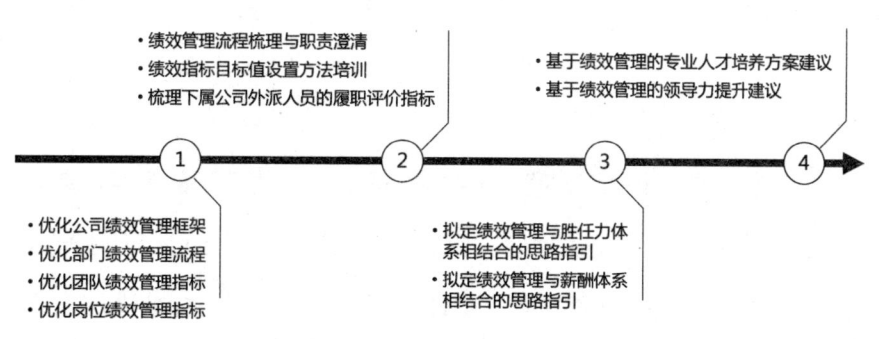

①
- 优化公司绩效管理框架
- 优化部门绩效管理流程
- 优化团队绩效管理指标
- 优化岗位绩效管理指标

②（上方）
- 绩效管理流程梳理与职责澄清
- 绩效指标目标值设置方法培训
- 梳理下属公司外派人员的履职评价指标

③
- 拟定绩效管理与胜任力体系相结合的思路指引
- 拟定绩效管理与薪酬体系相结合的思路指引

④（上方）
- 基于绩效管理的专业人才培养方案建议
- 基于绩效管理的领导力提升建议

图4-11　改进绩效管理体系解决方案的全景图（1）

孙经理皱起了眉头，说道："全景图不是简单地把内容全部罗列上去就行了，而是需要体现某种正确的逻辑关系。你画的这张图，第一，你把这些内容分成了四类，但是并没有体现分类标准，只是简单地用1、2、3、4做了标注；第二，中间用了一个长长的箭头，可能会让人认为这些解决方案在实施时，是按照第1、第2、第3、第4组的先后顺序来实施的，但实际上并不是这样的顺序。你把白板拉过来，咱们讨论一下这些解决方案之间的逻辑关系。"

他们一边探索各种逻辑关系，一边画出相应的草图。最终，他们选择了最容易理解的一种。根据这张草图，小林很快又做出了如图4-12所示的全景图。

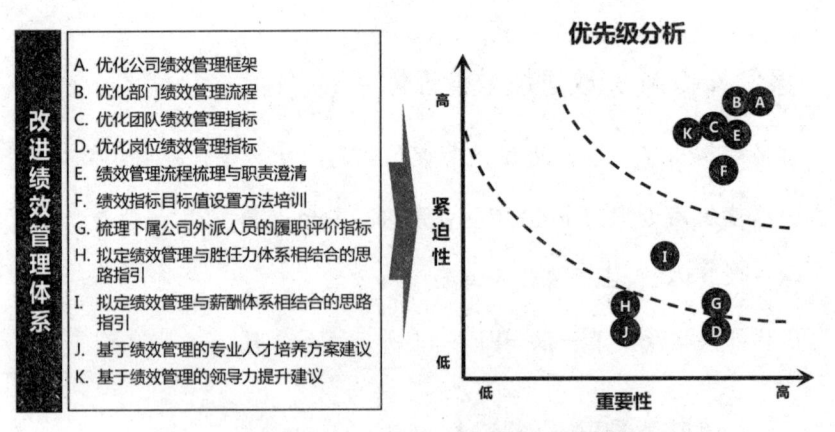

图4-12 改进绩效管理体系解决方案的全景图（2）

综合本节的几个案例，我们再回顾一下全景思考原则的第四条基本操作原则："系统思考和解决问题，构建方案全景。是指尽可能多地产出解决方案，进行多维度思考并锤炼修订，按照一定的逻辑标准进行筛选取舍，用恰当的逻辑关系构建解决方案全景。"

经过问题界定、问题分析和问题解决这些步骤之后，我们有时还需要把观点、结论、过程等内容撰写成文章或PPT报告，并向决策层作汇报。

这就是七步成诗中的步骤7"讲述来龙去脉"。这个场景侧重于全景呈现，我们将在第5章进行详细探讨。

本节内容要点

1.当问题被精准地界定、问题分析也足够全面和深入透彻时，解决方案也就水到渠成了。

2.拟出解决方案后，还要从全景思维的角度审视解决方案是否具有系统性、全面性和完备性，精雕细琢、千锤百炼，才能提高方案质量，产出解决方案的高质量全景。

3.时间维度、干系人维度和结果维度，既是构建解决方案全景的三种思考维度，也是对解决方案进行锤炼的三种工具。

4.从时间维度思考解决方案，是指不仅要有针对某个具体问题如何处理的短期解决方案，也要有针对某一类问题如何预防的中长期解决方案。

5.时间维度既有短期、中期、长期的意思，也有事前风险预防、事中问题处理和事后复盘反思的含义。

6.中长期解决方案，通常可以从流程制度的建立健全、风险预防、跨部门协作、相关人员受到教育、建立公司案例库等角度进行考虑。

7.从干系人维度思考解决方案，是指解决方案要考虑到多方干系人的利益诉求，特别是要有逆向思维和批判性思维。

8.从结果维度思考解决方案，是指推测、预判实施这些方案会带来什么结果、后果，或造成什么影响，再对解决方案进行调整、补充或删减。

9.5So法，是指连续追问若干个So what，从而对实施方案的结果、后果、影响进行推导和判断。

10. 5Why 法与 5So 法是思维链条的两端。两种方法结合应用，称为"前因后果法"，可以延伸思维链条的长度和深度。

11. 运用恰当的筛选标准对解决方案做减法，并进行优先级分析。

12. 按照一定的逻辑结构将解决方案进行重组，体现出方案之间的逻辑关系，从而构建解决方案全景。

13. 全景图不是简单地把内容全部罗列上去，而是要体现某种正确的逻辑关系，同时要避免受众产生误解。

第5章 全景呈现：
用全景思维成就表达艺术

富有逻辑性的演讲是最有力的说服工具，华丽的辞藻以及优雅的风格都是次要的。

——阿西姆·亚里士多德

全景思维——思考与呈现的基本法则

```
全景思维流程
输入 → 处理过程 → 输出
                      ↓
         第5章
  全景呈现：用全景思维成就表达艺术

第1节 自我介绍        第2节 日常沟通        第3节 年度汇报

四维      高质量     布置和  汇报工  即    通用      高质量
倾听      自我介绍的 沟通工  作进度  兴    全景      年度汇报的
模型      5个关键词   作任务  或调查  发    框架      7个方法
                            结果    言

展示个人全景的黄金60秒  简单的逻辑与简洁的全景  高质量全景的关键时刻
```

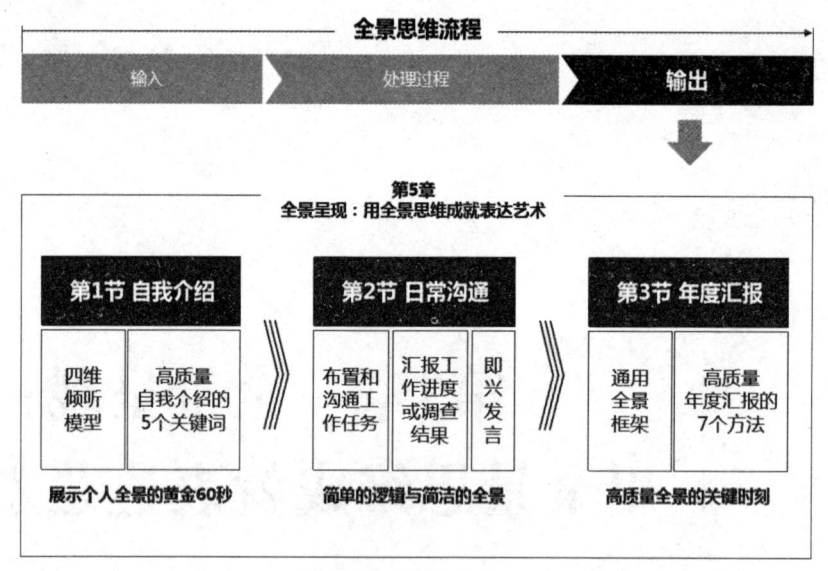

图5-1　第5章全景图

　　本章侧重于全景思维流程的输出端。全景思维的最终结果，是把构建好的全景高效地表达和呈现出来，获得他人的理解和认可。表达和呈现的效果如何，取决于三个关键因素：思想内容、逻辑结构、表达与呈现的技巧和艺术。前面我们已经探讨过全景呈现原则及其基本操作原则，本章主要结合具体应用场景，深入探讨如何用全景思维和逻辑来成就更高质量的表达艺术。

　　本章由三节内容构成。第1节探讨如何在有限的时间边界内，通过高质量的自我介绍构建和呈现相对完美的个人全景。第2节探讨如何在日常沟通与汇报中，用简单的逻辑和简洁的全景表达观点或内容。第3节探讨如何在年度汇报的关键时刻，灵活运用全景思维展示高质量的全景。

172

第1节　自我介绍：展示个人全景的黄金60秒

> 所谓说服力，就是连对手的心理状态都能考虑到的逻辑构成力。
>
> ——大前研一

自我介绍是每个人都会遇到的最常见的一种场景。如果我们把一两分钟的自我介绍视为在有限的时间边界内构建和呈现良好的个人全景，把最有价值的内容展示给受众，从而获得受众对自己个人形象的认可，那么，我们就会明白，在看似简单的自我介绍场景中灵活运用全景思维，是多么的重要。但遗憾的是，很多人并没有在这个场景中应用或用好全景思维。

案例 5-1-1：选拔晋升面试的自我介绍

我经常担任企业内部选拔晋升的面试官。面试官小组的第一个问题通常是："请用一分钟的时间做个自我介绍。"

大部分人的逻辑都是这样的：我叫张三，毕业于××大学。毕业后进了甲公司，做了呼叫中心的客服，主要是接听客户电话、回复客户的问题等。这样做了两年，因为我表现比较好，就做了主管，负责五个人的团队，主要是管理团队、检查他们的电话质量……××年，我加入了现在这家公司，一开始是××职位，做了××事情，做了××时间，然后调到另一个什么职位……

作为面试官，我通常是一边礼貌性地微笑着，一边暗自思忖："唉，这位候选人恐怕和前面的一样，又要浪费这黄金60秒了。"

有时候，我想做个测试，便会故意打断对方，或严肃或微笑地说："你说的这些，简历上面已经都有了。"

这时，候选人往往会愣一下，有的会继续按照自己的逻辑说下去，就好像我没有说过这句话一样；有的好像被吓到了，不知道说什么，一直沉默；也有少数人会转换内容或改变逻辑，比如，有的会转到讲述自己的优势，有的会举例来证明某个观点。但是，大部分候选人都是前两种表现。

我们在前面曾多次强调要"服务受众"。在自我介绍的场景中，倾听者就是受众，他一边倾听，一边不动声色地思考，并作出判断。大前研一曾说过："所谓说服力，就是连对手的心理状态都能考虑到的逻辑构成力。"现在我们就换位思考一下：我们的受众，他在听什么、想什么呢？我们先把自己代入受众的角色，分析清楚这个问题之后，再回归表达呈现者的角色。

关于"倾听"，有很多经典理论。我总结出一个与逻辑有关的"四维倾听模型"，如图5-2所示。

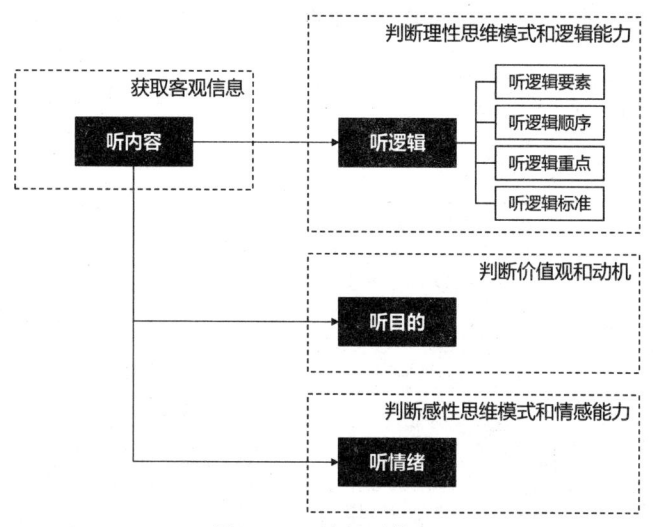

图5-2 四维倾听模型

听什么？主要听四个维度：内容、逻辑、目的、情绪。内容，指的是客观信息的具体内容。例如，"我叫张三，毕业于××大学。""张三""××大学"，就是内容。而听逻辑，又可以分解为听逻辑要素、逻辑顺序、逻辑重点和逻辑标准四个子维度。

什么是逻辑要素呢？姓名、毕业院校、工作单位、入职时间、职位、工作内容等，这些就是逻辑要素，是对具体内容的归类。不同的人在思考和表达同一个主题时，可能会选择不同的逻辑要素，也可能会选择相同的逻辑要素，但是对应不同的具体内容。

案例5-1-2：张三自我介绍的个人全景

在张三的自我介绍中，他所选择的逻辑要素包括姓名、毕业院校、工作经历，工作经历又包括首家工作单位、部门、岗位、工作内容、工作时长、升职原因、升职岗位、团队规模、升职后的工作内容，以及目前工作单位、加入时间、初始岗位、工作内容、工作时长、调岗等。虽然只是模拟了一个片段，但是依然能捕捉到他在自我介绍中试图呈现的逻辑和全景：

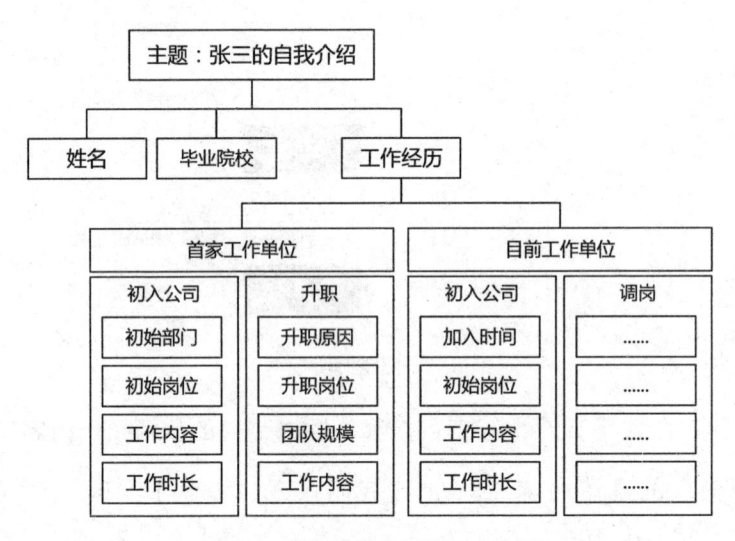

图5-3 张三自我介绍的个人全景

可能有人会说："这个全景，需要拆解得这么细吗？有些内容他只说了几个字呀。"这就好像要学习中国优秀乒乓球运动员的打法，就要把整套动作都录下来，对每个招式都要仔细揣摩一样，我们的逻辑和全景，有时候看上去好像都差不多，但如果掰开了、揉碎了，条分缕析，就会发现根本不同。

案例5-1-3：李四自我介绍的个人全景

同样的场景下，李四在做自我介绍时，选择的逻辑要素是姓名、目前工作、最关键的工作内容、个人优势，也就是说，在有限的60秒之内，他不会谈及毕业院校和最早的工作情况。如果面试官听完之后，问他从哪个学校毕业或者曾经在哪里工作，他此时再回答这些问题，如果面试官不问，则不主动讲述。那么，李四自我介绍的逻辑和全景就是：

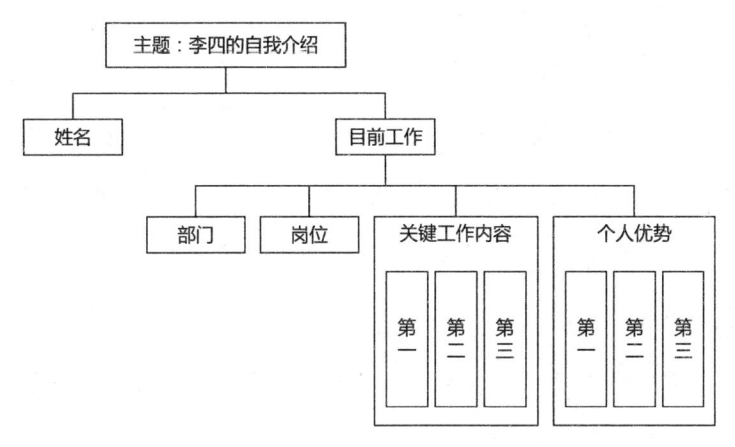

图5-4　李四自我介绍的个人全景

逻辑顺序，就是思考、表达和呈现逻辑要素的顺序。例如，有人先说姓名和学校，再说职位。有人则先说职位，再说自己的优势。这就是逻辑顺序。有人先说总结论、再分述、再总结，这就是逻辑顺序采用了总分总和金字塔逻辑。有人先提出一个问题，再给出答案，再进行分析，这就是逻辑顺序用了问题逻辑。

案例5-1-4：培训学友的自我介绍

在一次培训课程中，来自各地的学友互相做自我介绍。

李华："大家好，我是李华，来自上海的一家初创科技公司，负责项目管理。我毕业于××大学计算机专业，之后热衷于在科技领域做项目管理。这可能与我儿时对积木游戏的痴迷有关，我总是喜欢把不同的部分组合在一起，创造出令人惊奇的东西。工作以后，我一直在寻找提升管理技能的机会，所以很高兴能来参加这次管理培训。我期待着在接下来的时间里，能和大家一起学习和分享经验。另外，如果大家对科技趋势或者最新的科技产品感兴趣，我很愿意和你们进行交流。谢谢！"

林丽："大家好，我叫林丽，是来自北京的一家非营利组织的工作人员，主要负责培训和协调志愿者、组织各种公益活动。我热爱我的工作，因为既可以帮助他人，又可以服务社会。我之所以来参加这次培训，是希望学习更多的管理技巧，以便更好地工作。我期待在这次课程中，和大家一起学习、交流和分享。如果大家对非营利组织的运营有任何问题，我非常愿意分享我的经验。谢谢！"

两位学友采用了大致相同的逻辑要素和逻辑顺序：姓名、城市、职业、个人特征、参加培训的目的和期望、与受众的相关性、能为受众带来的价值和互动方式等。这种通用的个人全景框架，可以应用于很多一般性的自我介绍场景。

逻辑重点，是在表达这些逻辑要素的时候，哪个是重点，哪个一带而过，对这些逻辑要素如何分配时间或篇幅。

逻辑标准，是在表述时，明示或暗示出来的选择标准、分类标准等。

案例 5-1-5：明示或暗示逻辑标准

"我的团队成员有五人。我的管理方式是针对不同性格的人采用不同的方式方法。按照性格，我将他们分成三类……"这就是明示分类标准是性格。

"当需要在'加班'和'回家陪生病的孩子'两者之间作出选择时,我会跟领导直接沟通能不能不加班,因为我不能影响和孩子之间的感情。"这就是暗示选择标准是亲情关系。

作为倾听者,最简单的就是听内容,而听逻辑,则要求倾听者自身具有比较强的逻辑能力,能够从不同的内容中,快速分析判断出对方的逻辑是什么、具有什么特征。当面对多名表达者时,高明的倾听者能从对方的逻辑要素、顺序、重点、标准中,分析判断出谁的能力可能会更强。

在听内容和逻辑的同时,我们往往还要听(实际上是通过"听"来分析判断)对方的目的和情绪。总的来说,听内容,是获取客观信息;听逻辑,是对表达者理性思维模式和逻辑能力的判断;听目的,是对表达者价值观和动机的判断;听情绪,是对表达者感性思维模式和情感能力的判断。

案例 5-1-6:张三和李四的目的与情绪

假设张三和李四都表达了同样的内容:"毕业以后我先是进了甲公司,做了呼叫中心的客服座席,主要是接听客户电话、回复客户的问题等。"张三的目的可能是想表达"我一毕业就做了座席,具有很扎实的基层经验",情绪可能是"很自豪,而且有信心在更复杂的岗位上做得更出色"。而李四的目的可能是想表达"我毕业于很好的大学,但是毕业后只是做了客服座席,工作比较简单,有点大材小用,希望公司给我更多的机会",情绪可能是"感觉有点不得志,希望追求更好的职业发展"。

通过"四维倾听模型"及以上分析，我们知道了：当我们在表达呈现的时候，受众在听内容、逻辑、目的和情绪，听逻辑又包括听逻辑要素、逻辑顺序、逻辑重点和逻辑标准。那么，作为表达呈现者，我们就要对这些维度予以关注，通过这些维度的灵活应用，构建和呈现出更好的全景。

此外，要想做出高质量的自我介绍，还需要遵循一个根本原则：针对不同的受众、不同的具体场景，选择合适的逻辑来构建和呈现个人全景。这里的逻辑，既包括总分总逻辑、金字塔逻辑、问题逻辑、图示逻辑等，也包括逻辑要素、逻辑顺序、逻辑重点、逻辑标准。

我把这个根本原则分解成五个关键词来解读：时间边界、为情感账户加分、高价值的内容、让人眼前一亮、断舍离。

1.时间边界，是指根据时间边界来筛选逻辑要素、安排逻辑顺序和逻辑重点。

通常的自我介绍都是几分钟，甚至是60秒，要在这宝贵的"黄金60秒"之内给受众构建和呈现出一个相对完美的个人全景，那么，就要精心筛选出能在60秒之内说完的内容，如果在60秒之内讲不完，就要做出裁剪。

2.为情感账户加分，是指以"为情感账户加分"为最终目的来筛选逻辑要素、安排逻辑顺序和逻辑重点。

不论自我介绍的具体场景、具体目的是什么，最终目的都是为了给受众留下好印象，要在受众的"情感账户"里加分，而不是减分。因此，在短短60秒之内，如何筛选逻辑要素，说什么、不说什么，如何布局逻辑顺序和逻辑重点，先说什么、后说什么、重点说什么，逻辑标准是什么，都要考虑是否可以帮助加分。

当然，这并不是鼓励大家无原则地去迎合受众喜好，而是要在遵守道德、职业原则的前提下，有智慧地应用逻辑，更好地展示自己的个人全景。

案例 5-1-7：张三和李四的逻辑要素与逻辑重点

在张三和李四自我介绍的个人全景中，张三的逻辑要素非常多，在60秒之内，这些逻辑要素面面俱到，势必会导致某些有价值的重点内容讲得不够透彻，这就说明张三的逻辑要素选择和逻辑重点安排都不恰当。对比来看，李四的逻辑要素更加精简、更有分量，这样，他就能把更多的时间分配给更重要的内容上，从而逻辑重点也更合理。

3.高价值的内容，是指把"高价值的内容"作为逻辑要素和逻辑重点。

不论是麦肯锡30秒电梯理论，还是自我介绍"黄金60秒"，本质都是在有限的时间内呈现高价值的信息和内容。高价值的内容，就是受众不知道，或者虽然知道但理解得可能不那么透彻的内容。要把这类高价值内容筛选出来，作为自我介绍的逻辑要素和逻辑重点。

案例 5-1-8：面试官的暗示

本节最开始的案例，当我说"你说的这些，简历上面已经都有了"的时候，其实是在暗示对方，你正在表达的信息或内容，都是面试官已知的，如果在黄金60秒之内还在陈述这些信息，实际上是把受众已知的信息再重复一遍,那么,这就不是高价值的内容,也很难在受众的情感账户里得到加分,最好的结果只是不减分而已,这样,就会白白浪费掉黄金60秒的宝贵时间。遇到这种情况,表达者最好是转换内容,或者变换表达逻辑,从而和简历上的内容、逻辑有所不同。

4.让人眼前一亮,是指把能"让人眼前一亮"的内容作为逻辑要素和逻辑重点。

自我介绍还有一个最终目的,是让受众能够记住自己。那么就要选择自己与众不同的亮点、特色,把这些"让人眼前一亮"的内容作为逻辑要素和逻辑重点。另外,在表达的时候,要明确说出来这个内容为什么是亮点、是特色,而不是让受众自己去猜、去悟。

案例 5-1-9:颜色、性格与岗位要求

在一次竞聘面试中,一位候选人穿了一件红色的外套。本来这是不太符合这种正式场景的,但是,这位年轻的小伙子非常阳光,微笑着说:"今天我专门穿了一件红色的衣服,因为红色最能体现我热情、开朗、乐观的性格,而这种性格也非常匹配竞聘岗位的要求。"

这句话所蕴含的逻辑要素包括了面试前的精心准备、服装颜色、性格、颜色与性格之间的链接关系、性格与岗位要求之间的链接关系。所以,看似短短的一句话却内涵丰富,特别是"颜色—性格—岗位需求"的逻辑链接让人眼前一亮,为外在的、显性的视觉效果赋予了更深刻的内涵,给受众留下了非常深刻的印象。

5.断舍离,是指永远都要记得"断舍离"。

面对不同的受众、针对不同的具体场景,永远都要记得对素材进行筛选,重组逻辑要素,重新安排逻辑顺序和逻辑重点,把不能在时间边界内说完的、不能帮助加分的、不是高价值的、不能让人眼前一亮的内容进行断舍离。

总之,在自我介绍这个看似简单的场景中,如果能灵活地、有智慧地运用全景思维,通过变换基础逻辑或变换逻辑要素、逻辑顺序、逻辑重点和逻辑标准等方式,必将帮助我们充分利用这黄金60秒,构建和呈现相对完美的个人全景,给受众留下深刻印象。

本节讲到的这些原则和方法,同样适用于表达呈现的其他场景,在后面的章节中不再赘述。

本节内容要点

1.自我介绍是在有限的时间边界内构建和呈现良好的个人全景,把最有价值的内容展示给受众,从而获得受众对自己个人形象的认可。

2.四维倾听模型:当我们表达呈现时,受众在听内容、听逻辑、听目的和听情绪。听逻辑,包括听逻辑要素、听逻辑顺序、听逻辑重点和听逻辑标准。

3.不同人的逻辑和全景,有时候好像差不多,但如果条分缕析,就会发现根本不同。

4.听内容,是获取客观信息;听逻辑,是对表达者理性思维模式和逻辑能力的判断;听目的,是对表达者价值观和动机的判断;听情绪,是对表达者感性思维模式和情感能力的判断。

5. 高质量自我介绍的根本原则：针对不同的受众、不同的具体场景，选择合适的逻辑来构建和呈现个人全景。

6. 合适的逻辑，既包括总分总逻辑、金字塔逻辑、问题逻辑、图示逻辑等，也包括逻辑要素、逻辑顺序、逻辑重点、逻辑标准。

7. 高质量自我介绍的五个关键词：时间边界、为情感账户加分、高价值的内容、让人眼前一亮、断舍离。

8. 根据时间边界来筛选逻辑要素、安排逻辑顺序和逻辑重点。

9. 以"为情感账户加分"为最终目的来筛选逻辑要素、安排逻辑顺序和逻辑重点。

10. 不鼓励无原则地迎合受众喜好，而是在遵守道德、职业原则的前提下，有智慧地应用逻辑，更好地展示个人全景。

11. 把"高价值的内容"作为逻辑要素和逻辑重点。

12. 高价值的内容，是受众不知道，或者虽然知道但理解得可能不那么透彻的内容。

13. 把能"让人眼前一亮"的内容作为逻辑要素和逻辑重点。

14. 永远都要记得对素材进行筛选和断舍离。

15. 有智慧地运用全景思维，通过变换基础逻辑或变换逻辑要素、逻辑顺序、逻辑重点和逻辑标准等方式，就能构建和呈现相对完美的个人全景。

第2节　日常沟通：简单的逻辑与简洁的全景

简洁是智慧的灵魂。

——莎士比亚

莎士比亚说："简洁是智慧的灵魂。"我们在前面探讨金字塔逻辑时，也称之为"化繁为简的逻辑典范"。逻辑和全景，并非越复杂越好。特别是在表达和呈现的场景中，目的不是为了满足自我欣赏的需要而创造出晦涩难懂的逻辑、构建出眼花缭乱的全景，而是为了获得受众的理解和认可、和受众就某些观点达成共识，所以，要尽量用简单的逻辑和简洁的全景，说清楚想要表达的观点或内容。

除了自我介绍之外，职场中还有很多通用的表达和呈现场景，例如上下级之间布置和沟通工作任务、向上级汇报工作进度或调查结果，以及一般性的即兴发言等。本节就主要探讨全景思维如何通过相对简单的逻辑和简洁的全景框架，应用于上述这些场景。

首先来看上下级之间布置和沟通工作任务。在第3章"全景学习"中，已经分析过聆听领导布置工作任务的案例，强调的是任务接收者的思维过程和任务接收者自身的学习与输入。在本节中，我们依然要来谈谈和布置任务有关的场景，只是这次把重点放在上级布置工作，以及上下级之间的沟通和互动交流上，而不仅仅是任务接收者的单向接收。

我们经常强调执行力，有时会忽略执行之前的一个关键环节，即上级布置工作任务、下级和上级针对任务进行双向沟通。这个环节是双方对工作任务的澄清、对关键事项达成一致，而不仅仅是一方布置、另一方接收那么简单。在这个双向过程中，如果双方都能应用全景思维，通过不断沟通、交流、澄清和确认，共同为这项任务构建出一幅任务全景，那么就会大大提升高效执行的概率。

工作任务的范围非常广泛。无论任务的复杂度如何，上级都可以运用某种全景框架明确地布置任务，而下级也可以依据这种全景框架进行沟通、澄清和确认。

对于比较简单的、单一的或者执行人数比较少的任务，可以使用这个简洁的全景框架：任务概述、期望结果、责任人、完成日期、支持或资源、沟通或反馈机制。

（1）任务概述：明确描述任务的主要目的和内容。例如为什么要做这项工作、工作任务是什么。

（2）期望结果：明确描述完成任务的预期结果。例如希望看到什么样的工作成果。

（3）责任人：明确指定完成任务的责任人。如果已经非常清楚谁是责任人，则可以不必再专门指定。

（4）完成日期：明确指定完成任务的截止日期或时间段。

（5）支持或资源：说明为完成任务提供的必要支持或资源。

（6）沟通或反馈机制：指出在任务执行过程中或者任务完成后的沟通或反馈方式。

下面是上级应用这个全景框架布置任务的案例。

案例 5-2-1：更新项目管理软件

（任务概述）小李，请你带着小组同事，更新一下我们的项目管理软件。

（期望结果）更新以后，所有团队成员都能通过这个新版本的软件更好地协作，提高工作效率。

（完成日期）请在本周五之前完成更新，这样我们可以在下周开始使用新版本。

（支持或资源）你可以联系王经理获取更新软件所需的权限。

（沟通或反馈机制）完成更新以后，给我发送一封确认邮件。

案例 5-2-2：准备营销数据分析报告

（任务概述）小张，请准备一份关于上个月我们社交媒体平台营销活动的数据分析报告。

（期望结果）这份报告要用来评估上个月营销策略的效果如何，并决定下一步的行动方向。所以尽量写得具体一些，数据要准确。

（完成日期）请在下周二下班之前完成这份报告。

（支持或资源）在写报告的过程中，如果需要我支持，可以联系我。

（沟通或反馈机制）写完以后，把报告先发给我，等我们沟通、修改之后，我再发给营销负责人。

案例 5-2-3：准备新员工培训

（任务概述）培训部的伙伴们，请为我们新加入的产品设计师尽早安排一次企业文化培训。

（期望结果）设计部的领导希望这些设计师能尽快了解和融入企业文化，设计出符合企业文化的产品。所以，这次培训除了常规内容之外，还要和公司产品相结合，培训课件需要再开发，现场讲课和组织训练、研讨的难度也比较大。

（责任人）张老师，你对企业文化的理解很深刻，也曾经有过设计师的工作经验，所以由你来负责这次培训是最合适的，其他伙伴进行协助。

（完成日期）请在本月底之前完成这次培训。

（支持或资源）你们可以联系设计部了解具体情况。我这里也有一份培训课件可以参考。

（沟通或反馈机制）课件开发完成后，可以发给我先看看。等做完培训，我安排咱们和设计部的领导进行沟通，把培训情况向他们做个反馈。

这几个案例中的任务都不是很复杂，工作事项比较单一，执行人数也比较少，因此，上述六个逻辑要素已经可以构成比较全面的任务全景了。

如果是错综复杂的工作任务或项目，则需要更细致的全景框架，在以上六个逻辑要素的基础上增加内容，或者把某些逻辑要素解释得更加透彻。比如下面这个框架：任务概述、具体目标、任务分解、角色和责任、资源分配、沟通或反馈机制、评估和奖惩机制。

（1）任务概述：明确描述任务的主要目的和内容。例如为什么要做这项工作、工作任务是什么。

（2）具体目标：可以用SMART原则设定具体目标。例如完成任务的预期结果是什么、应该达到什么样的标准、完成期限是什么等。

（3）任务分解：可以用WBS等工具将大任务分解为更小、更易于管理的子任务。例如每个子任务是什么、完成期限是什么等。

（4）角色和责任：明确任务、子任务的责任人、执行人等。

（5）资源分配：明确每个任务或子任务需要什么资源，可能涉及时间、人员、财务、信息等各方面的资源。

（6）沟通或反馈机制：指出在任务执行过程中或者任务完成后的沟通或反馈方式。例如沟通的方式和频率、如果遇到问题如何处理、向谁报告等。

（7）评估和奖惩机制：设定如何评估和奖惩。

在实际工作中，布置复杂任务可能需要一套详细的文档，案例5-2-4是一个简化的案例。

案例5-2-4：筹备集团的全国性销售会议

（任务概述）我们要筹备一次全国性销售会议，今天在座各位就是筹备组成员。会议的成功对于提升团队士气、加强内部沟通，以及确定未来的战略方向都至关重要。

（具体目标）预计在2月底、3月初举办这次会议。大概有200多名销售经理参加。会议要低调务实，并且控制在预算范围之内。

（任务分解）筹备工作可以分解为若干子任务，具体参见我发给大家的分工表。

（角色和责任）在座的每位成员都要负责相应的子任务，分工表里有相应的责任人。大家可以先看一下，看看各项任务、责任人等是否需要调整。

（资源分配）公司给了一个总预算，你们先根据分工，分别向供应商询价，并结合以往经验，估算出每部分的预算，最好能在三天之内给到我。

（沟通或反馈机制）每周五下午，筹备组召开周例会，讨论工作进度和遇到的问题。例会之外，大家根据实际情况直接沟通。如果需要筹备组所有成员都参加，我再安排临时会议。

（评估和奖惩机制）这次筹备工作的压力很大，时间也比较紧张，我们全力以赴。等工作结束后，我们将全面复盘，以便改进未来的工作。我们也会对筹备组所有成员的表现进行评估和集体评议，并做出相应奖励。

上面的案例，都是上级在布置工作时，按照全景框架，条理清晰地进行陈述，框架中的逻辑要素没有缺失，内容也都比较具体。但实际情况却往往并非如此理想，要么缺失某些逻辑要素，要么就是内容不够清晰或者不够彻底，这就需要任务接收者也具有同样的全景思维，通过沟通来补全任务全景。

接下来，我们看另一个常见场景——向上级汇报工作进度或调研结果。和布置工作一样，遵循简洁的全景框架，可以更有效地传达信息。下面是一种建议的全景框架：主题或结论、背景、具体信息、挑战与解决方案、行动计划、询问反馈。

（1）主题或结论：明确表达主题或结论，例如最新的工作进度或调研的主要发现。

（2）背景：简要解释为什么开展这项工作、当时的动机或背景信息等。如果上级对背景已经非常清楚，则不必讲述。

（3）具体信息：提供具体的信息，例如描述工作的具体情况、调研的详细结果，以及具体的数据、事件、案例等。

（4）挑战与解决方案：曾经或目前遇到了哪些问题或挑战，是怎样解决的，或计划如何解决。

（5）行动计划：描述接下来的行动计划，例如如何继续推进这项工作，或如何根据调研结果采取后续行动。

（6）询问反馈：最后，可以请上级提供反馈或建议，帮助自己改进工作。

案例 5-2-5 和案例 5-2-6 是两个简化的案例。

案例 5-2-5：汇报市场推广项目的工作进度

（主题或结论）张总，向您汇报一下市场推广项目的最新进展。总体来说，目前进展还比较顺利，当然也存在一些问题，我们也已经有了解决方案。

（背景）我们是从 3 月初启动的这个项目，目的是提升公司的品牌知名度和市场份额。

（具体信息）目前，我们的社交媒体广告已经触及了超过 20 万的潜在客户，同时，电子邮件营销活动的点击率也超过了行业平均水平……

（挑战与解决方案）目前的主要挑战，是在搜索引擎优化方面的工作进度比预期慢一些，因为我们的关键词排名有所下降。我们正在与相关团队紧密合作，优化网站内容，以提升搜索排名……

（行动计划）我们计划在下个月加大相关投入，同时持续监测广告和电子邮件营销活动的效果……

（询问反馈）张总，对于我们的想法，您有什么建议？

案例5-2-6：汇报客户满意度调研结果

（主题或结论）张总，向您汇报一下最近的客户满意度调研结果，主要是聚焦在客户服务方面。

（背景）前两个月的客户满意度有些下滑，所以3月初我们开展了这次调研，以便采取措施进一步提升产品和服务质量。

（具体信息）调研结果显示，90%的客户对产品表示满意，但有30%的客户建议我们的客户服务能有所改进……

（挑战与解决方案）我们的挑战在于，如何精准把握客户需求来改进客户服务。我们计划进行一次内部调查，摸清楚客户服务现存的具体问题，再针对客户需求开展相关培训、采取解决措施……

（行动计划）我们将在接下来的一个月内进行内部调查，并根据结果制订客户服务改进计划……

（询问反馈）张总，您还有什么建议或指示？

日常工作沟通和汇报的全景框架并非固定不变的，可以根据实际情况进行重构或调整。在这里想要强调的是：无论是简单的还是复杂的场景，用恰当的、简洁的全景框架，可以提升沟通和汇报效率，甚至可以改变焦虑的工作状态、提升人生质量。

在卡内基的著作《如何停止忧虑开创人生》中，引述了企业家胥孟津的实例，生动地阐明了这个观点。

案例 5-2-7：书面报告新规则

胥孟津在过去的15年中，几乎每天都要花费一半的时间在会议和问题讨论上，常常感觉身心疲惫。后来，他找到了一种有效的解决办法，成功地将会议时间减少了四分之三，改变了紧张焦虑的状态。

他制定了一个新规则，即任何人在提出问题之前，必须先准备一份书面报告，回答四个问题：（1）到底出了什么问题？（2）问题的起因是什么？（3）可能有哪些解决办法？（4）你建议用哪种解决办法？

使用了这个新规则后，不仅他自己更好地管理了时间和精力，下级也从中获益良多，因为一旦他们认真地思考了这四个问题，最恰当的那个解决方案就会自然地呈现出来。即便有时候确实还需要讨论，所花费的讨论时间也只有过去的三分之一，而讨论的结果也往往令人满意。

案例 5-2-7 中的四个问题，其实正是问题分析解决的全景框架——明确界定问题、寻找问题根源、提出可能的解决方案、建议的解决方案。通过这样的思考逻辑，可以将时间和精力集中在真正有价值的工作上，从而显著提高工作效率，减少焦虑，提升人生质量。

最后，我们来看看经常会遇到的即兴发言。虽然具体场景和内容千变万化，但是如果能总结出不同类型场景下的通用全景框架，就可以帮助我们在面对瞬时挑战时，以不变应万变，迅速构建和呈现出内容全景。

下面是一个全景框架，适用于一般性的即兴发言：开场、场景定位、主题或观点、论据或故事、总结、结束语。

（1）开场：表示感谢、问候，或用故事、案例、亲身经历或其他吸引人的方式来开场。

（2）场景定位：描述当前的环境、氛围等，帮助自己更好地和受众实现人际链接。

（3）主题或观点：简明扼要地表达主题或观点，可以提炼为几个句子或关键词。

（4）论据或故事：分享与主题或观点相关的数据、事实、故事、案例等。

（5）总结：回归主题或观点，进行总结。

（6）结束语：表示感谢、祝福、期待等。

这个全景框架可以根据实际情况进行调整或简化。例如，在普通的年会、团建、联欢等场景下，可以简化为更简洁的框架：开场、经历和感受、共享欢乐、结束语。

（1）开场：表示感谢、问候，或用其他吸引人的方式来开场。

（2）经历和感受：分享自己的亲身经历和感受，获取受众的共鸣。

（3）共享欢乐：表达和受众一起共享欢乐的心情或愿望。

（4）结束语：表示感谢、祝福、期待等。

案例 5-2-8：公司聚餐的即兴演讲

（开场）首先，我要感谢每一位伙伴，因为我们所有人的辛勤努力，才能在历经种种艰辛之后，今天欢聚一堂。

（经历和感受）在过去的一年里，我看到每个人都在努力付出，无论是在重大项目中，还是在日常工作中，我们始终团结一致，共同进步，这就是团队的力量。

（共享欢乐）今晚，让我们放下所有工作，尽情享受欢乐时光。

（结束语）一切过往，皆为序章。现在，我们一起举杯，一起去创造更美好的未来！

本节强调了全景的简洁性。在某些复杂的场景中，逻辑和全景确实需要非常复杂，否则难以体现出多种逻辑要素之间的逻辑关系。但是在表达和呈现时，为了让受众快速理解我们的思想和逻辑，我们要努力寻找相对简洁的全景框架。如何用简单的逻辑和简洁的全景，说清楚复杂的内容，这恰恰是对我们全景思维应用智慧的一种考验。

本节内容要点

1. 逻辑和全景，并非越复杂越好。

2. 在表达和呈现的场景中，尽量用简单的逻辑和简洁的全景，说清楚观点或内容。

3. 如果任务布置者和接收者双方都能应用全景思维，通过不断沟通、交流、澄清和确认，共同构建出任务全景，就会大大提升高效执行的概率。

4. 简单任务的全景框架：任务概述、期望结果、责任人、完成日期、支持或资源、沟通或反馈机制。

5. 复杂任务的全景框架：任务概述、具体目标、任务分解、角色和责任、资源分配、沟通或反馈机制、评估和奖惩机制。

6.汇报工作进度或调研结果的全景框架：主题或结论、背景、具体信息、挑战与解决方案、行动计划、询问反馈。

7.日常工作沟通和汇报的全景框架并非固定不变的，可以根据实际情况进行重构或调整。

8.用恰当的、简洁的全景框架，可以提升沟通和汇报效率，甚至可以改变焦虑的工作状态、提升人生质量。

9.即兴发言的全景框架：开场、场景定位、主题或观点、论据或故事、总结、结束语。

10.年会、团建、联欢等场景即兴发言的全景框架：开场、经历和感受、共享欢乐、结束语。

11.如何用简单的逻辑和简洁的全景，说清楚复杂的内容，是对全景思维应用智慧的考验。

第3节　年度汇报：高质量全景的关键时刻

> 我们不应只是因为忙碌而忙碌，而应该停下来，回头看看我们走过的路，反思我们做过的事。
>
> ——亨利·戴维·梭罗

关键时刻（MOT，Moment Of Truth），是由北欧航空公司CEO卡尔森在《关键时刻MOT》一书中提出的概念。他这样定义"关键时刻"：任何时候，当一名顾客和企业任何一个层面发生联系，无论多么微小，都是一个形成印象的机会，这就是企业的"关键时刻"。

借鉴这个概念，我们每一次的表达和呈现，无论时间长短，都是一个又一个连续的"关键时刻"，受众通过和我们一次又一次的链接，最终对我们形成完整的形象认知。这些关键时刻，往往散落在日常工作的点点滴滴之中。只有年度汇报，是暂时停下前行的脚步，对过去的一年进行回顾和反思，对未来进行规划和展望。

年度汇报通常是15分钟到30分钟的公众演讲，就好比是职场大阅兵，工作成果、经验教训、未来规划、思维模式、综合能力、团队精神、个人形象等，都可以在这个大展台上进行集中地呈现。因此，年度汇报无疑就是一次向群体受众呈现高质量全景的关键时刻。本节探讨的就是如何在这个关键时刻灵活运用全景思维。需要强调的是，前面章节的内容几乎都适用于年度汇报，因此不再赘述，本节可以视为对前面相关内容的具体应用和补充叠加。

我们先来看两个年度汇报的简化案例，案例 5-3-1 是个人的年度汇报，案例 5-3-2 是部门的年度汇报。

案例 5-3-1：销售人员的个人年度汇报

（总结或概述）在过去的一年里，我作为销售团队的一员，成功地完成了每个季度的销售目标，所负责客户群的销售额增长了 20%。

（重点工作成果）我成功签下了我们部门今年最大的一笔订单，合同价值达 1200 万元，这是我职业生涯中的一个里程碑。

（主要挑战或问题、解决方法和结果）面对宏观形势带来的市场波动，我积极寻找新的销售策略，推动线上销售，并适应了这种新的工作方式。通过我的努力，我们的在线销售额比去年增长了 20%。

（个人成长）为了更好地适应新的工作环境，我参加了一些关于在线销售和网络营销的培训课程，这让我在这个领域的知识和技能有了很大提升。

（下一年的目标和行动计划）在接下来的一年，我希望将客户群的销售额提升至少 15%，并寻找至少 3 个新的大客户。为了达到这些目标，我计划建立更广泛的合作关系，增加现有客户的拜访次数；同时，参加更多的在线销售培训，提升我的销售技能。

（对公司的建议）我建议公司可以提供更多的在线销售培训资源，这将帮助我们更好地适应当前的市场环境。

（总结和结束语）这就是我过去一年的工作总结。我期待能为公司带来更大的价值，同时也能在个人职业发展上取得更多的成就。

案例5-3-2：软件开发部门的年度汇报

（总结或概述）在过去的一年里，我们软件开发部门成功地完成了两个软件开发项目，并对现有软件进行了多次升级。在人才建设方面，我们引进了两位资深的专业人士，加强了部门的专业能力。

（重点工作成果）两个新项目都已成功上线，获得了客户的一致好评。此外，我们也在今年成功引入了新的软件开发流程，使得开发效率提升了20%。

（主要挑战或问题）尽管我们取得了很多工作成果，但也遇到了一些挑战和问题。其中一个挑战是：新招聘的员工需要一段时间才能熟悉工作流程和文化，这在一定程度上影响了我们的工作效率。

（解决方法和结果）为了解决这个问题，我们改进了员工入职培训流程，并增加了团队建设活动。现在，新员工的融入周期已经缩短，团队合作也更加顺畅。

（团队成长）我们的团队成员在过去一年中都取得了显著的个人成长。他们不仅在专业技能上有所提升，还在团队协作和项目管理方面获得了宝贵经验。

（下一年的目标和行动计划）在接下来的一年，我们计划开发三个新的软件项目，并对现有软件进行持续的优化和升级。我们也计划引入更多的自动化工具，进一步提高工作效率。

（对公司的建议）希望公司能提供更多的培训资源，帮助我们进一步提升专业和管理能力。同时，我们也建议公司考虑为软件开发团队提供更多的远程工作机会，以便我们吸引和保留更多的优秀人才。

（总结和结束语）在新的一年里，我们会继续致力于提供优质的软件产品和服务，以满足客户的需求，也希望公司能给予我们更多的支持和资源。

这两份年度汇报的逻辑和全景框架基本一致，都涵盖了以下逻辑要素：开篇的总结或概述，接着分述重点工作成果、主要挑战或问题、解决方法和结果、个人或团队成长、下一年的目标和行动计划、对公司的建议，最后再次进行总结或提出结束语。

这样的逻辑框架可以勾勒出一个简洁的、通用的年度汇报全景。但是，如果我们希望年度汇报的质量更高一些，有哪些方法呢？下面主要分享七个方法。

1. 选择一种合适的载体来构建和呈现年度汇报的全景。

尽管单纯的语言文字也可以呈现全景，就像上面两个案例那样，但是在年度汇报这种正式场合，还是尽量采用可视化的载体，例如最常用的PPT。这也有三种情况。

（1）组织者要求必须在汇报时呈现PPT，并将其作为评价标准之一。这时，我们需要考虑PPT是做文字说明相对较多的阅读版，还是文字说明较少的演讲版，或者，将两个版本都做出来，在呈现时，根据现场需要用"隐藏"或"链接"等方式进行适当的切换。

（2）有时候为了考验汇报者，组织者会刻意要求汇报时不能呈现PPT。这种情况下，最好还是提前准备PPT，或者是只做出最核心的几页全景图。一是用来帮助提炼观点、整理思路，二是可以把核心的几页全景图打印出来，带到汇报现场，在必要时可以交给受众作参考。说不定，受众会因为这个小小的举动而眼前一亮。

（3）有时候为了考验汇报者，组织者或受众会在汇报中途即 PPT 呈现过程中，要求汇报者关闭 PPT。这时，思路清晰的汇报者会丝毫不受影响，继续侃侃而谈，但也有不少人会乱了阵脚，不知如何往下继续。因此，这就要求我们必须把汇报的核心观点、关键内容、全景框架等都熟记于心，随时灵活应对汇报现场的各种变化。

2. 用总分总逻辑、金字塔逻辑和图示逻辑作为年度汇报的基础逻辑。

关于这一点，前文已经有很多阐述和解释，这里不再赘述。基于这三种基础逻辑，汇报者可以叠加应用其他合适的逻辑。例如，在总结回顾过去时，可以叠加应用如图 5-5 所示的复盘逻辑；在描述遇到的问题时，可以叠加应用问题逻辑。

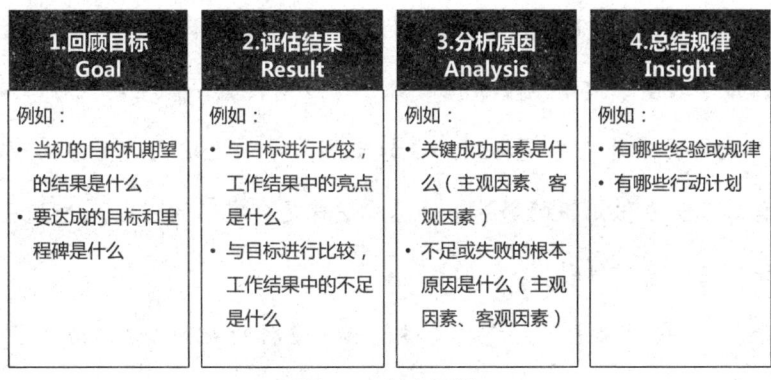

1.回顾目标 Goal	2.评估结果 Result	3.分析原因 Analysis	4.总结规律 Insight
例如： • 当初的目的和期望的结果是什么 • 要达成的目标和里程碑是什么	例如： • 与目标进行比较，工作结果中的亮点是什么 • 与目标进行比较，工作结果中的不足是什么	例如： • 关键成功因素是什么（主观因素、客观因素） • 不足或失败的根本原因是什么（主观因素、客观因素）	例如： • 有哪些经验或规律 • 有哪些行动计划

图5-5　复盘逻辑

3. 用标题体系构建和呈现结论全景或观点全景。

标题体系，就是指总标题、各部分的子标题、每页 PPT 的页面标题等共同构成一个完整的全景框架。我们先看案例 5-3-3。

案例 5-3-3：金融机构销售事业部的年度汇报标题

有一天，某金融机构销售事业部的总经理张总跟我说："老师，我们马上就要向集团总裁做年度汇报了。我们事业部已经写完了，您帮我看看吧。"看过之后，我发现了一些可以改进的地方，其中就包括报告的标题。下面是我们的对话。

我："你们的标题是《销售事业部××年工作总结及规划》，其他部门的报告标题都是什么？"

张总："按惯例，基本上都是××部门工作总结、工作规划这类的。"

我："如果所有报告都打印出来，一起放到总裁的桌子上，每份报告都只露出标题。排除他本身对××部门的工作比较关注之外，你觉得哪个部门的报告能引起他的兴趣？"

张总思考了一会儿："说实话，我不知道。因为看上去好像每个部门的报告都差不多。"

我："对呀。你们的报告标题都体现了三个逻辑要素——部门名称、年份、报告种类，都缺失了最重要的一个逻辑要素——主题或核心观点，而这个逻辑要素才恰恰是标题的逻辑重点。咱们之前上过金字塔逻辑的课，你忘了，在做汇报的场景下，总标题就是金字塔的塔尖，也要用'先说结论'这个基本原则。"

张总："我想起来了，您之前讲过标题逻辑的五种方法。我再换一个标题。"他思考着……

我等了一会儿，接着启发道："我就问你一个简单的问题。你们写了这么多，但如果只有10秒钟向总裁做汇报，你只能说一句话，你最想说什么？"

张总想了一会儿："我想说：希望销售事业部的定位从单一销售转变

为财富管理。"

我:"这是一句不切实际的空话吗?"

张总:"不是空话,我们今年已经作了一些尝试,也准备好了明年的规划和具体计划。现在面临的问题是,这个定位和集团的战略方向有关,也可能会影响到其他兄弟部门的定位,所以集团不一定同意。"

我:"既然不一定同意,那么,你再想想,要不要换一句?"

张总:"不换了。不管是否同意,这都是我们事业部这次汇报的核心,也是出于公司发展的考虑。"

我:"那好,咱们报告的标题不就出来了吗?"

张总:"我明白了。我们的标题可以改为《从单一销售向财富管理转型——销售事业部××年工作总结及规划》。"

这就是标题的力量,也是标题的智慧——把最核心的主题或观点融入其中,让受众一眼就能看到。同理,不仅报告的总标题具有全景性,各部分、子部分、每页PPT的标题,都要直击重点、字字珠玑,最后就会形成这份报告的结论全景或观点全景,如图5-6所示。

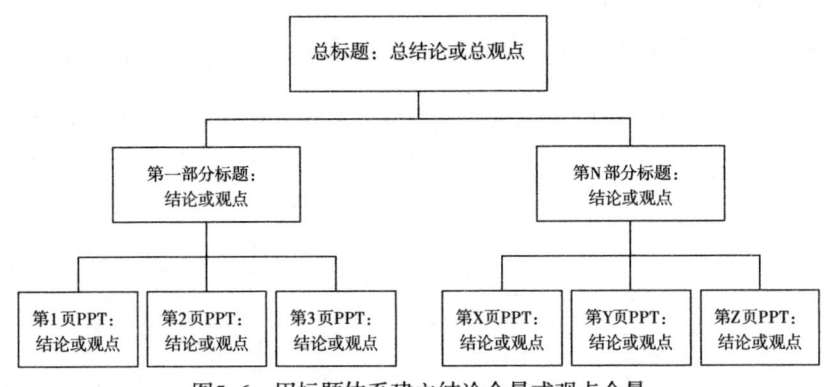

图5-6 用标题体系建立结论全景或观点全景

4.年度汇报要有恰当的逻辑重点。

案例 5-3-4：总结还是计划

"小王，下周一要交个人年度总结，你写一下吧。"

"好的！"

"你这……怎么只有今年的总结，没有明年的计划？"

"您不是说写总结吗，没说要写计划呀。"

大家不要以为这只是个笑话，其实很多人都在用类似的逻辑做年度汇报——要么是基本不提规划计划，要么是不痛不痒的寥寥数语，要么是总结过去占到90%，而规划计划只占10%、最多不超过20%。两者之间的比例到底应该是多少，并无定论，建议是60%、40%，或50%、50%，或40%、60%，或者根据具体情况进行适当调整。

除了总结过去和规划计划两者之间的比例要合理之外，年度汇报的具体内容也应当有不同的逻辑重点。我按照"过去"（包括目前）与"未来"、"正面事项"与"负面事项"两个维度，将年度汇报中的常见内容大致分为四类：讲成绩（过去的正面事项）、讲问题（过去或目前的负面事项）、讲规划（以未来的正面事项为主）、讲风险（未来的负面事项）。如图5-7所示。

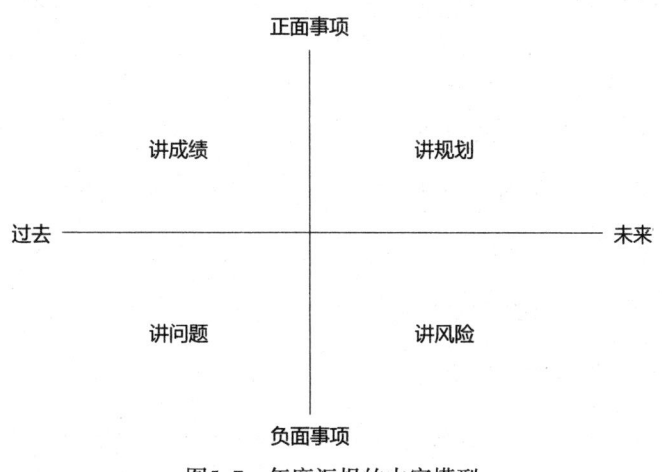

```
           正面事项
            │
   讲成绩   │   讲规划
            │
过去 ────────┼──────── 未来
            │
   讲问题   │   讲风险
            │
           负面事项
```

图5-7 年度汇报的内容模型

在年度汇报时，针对上述四种内容，也应有不同的逻辑重点。

讲成绩时，重点不仅是成绩本身，而是：（1）特色或亮点，这些成绩与众不同的地方是什么；（2）关键成功因素，为什么会取得这些成绩，可以包括客观因素和主观因素，或外部因素和内部因素；（3）经验或启示，从这些成绩中获得了哪些经验或启示；（4）借鉴意义，这些成绩、经验或启示对未来的工作、其他同事或公司有哪些借鉴意义。

讲问题时，重点不是描述问题、抱怨困难、推卸责任，而是：（1）根源，为什么会产生这些问题；（2）解决方案，采取了哪些解决办法或改进措施，以及效果如何；（3）教训，从这些问题或失败案例中汲取了哪些教训；（4）教育意义，这些问题或失败案例对未来的工作、其他同事或公司有哪些教育意义。

讲规划时，重点不是空泛的口号，而是：（1）目标，最终的目标、预期的工作成果、为客户或公司带来哪些价值等；（2）里程碑节点，关键时间节点以及截止到该节点的工作成果或价值等；（3）关键的行动计划，最关键的行动计划或方法措施是什么、谁负责等；（4）关键的成功因素或资源支持。

讲风险时，重点不是指出风险，而是：（1）预防方案，如何预防、谁是责任人等；（2）阻力及化解，实施预防方案时可能遇到哪些阻力，以及如何化解等；（3）成功的价值，如果预防方案成功，可以带来哪些价值；（4）失败的概率，预防方案失败的概率，以及会带来哪些不利影响。

5.年度汇报要有高质量的全景图。

如果做不到每张PPT都是高质量的全景图，至少要有一张是经过缜密思考、精心设计的。比如说，可以是总领整个报告的全文逻辑框架全景图，可以是某个部分或子部分的概括性全景图，也可以是分析某个具体问题、展示某个具体观点的分析性全景图。

全景图制作完成后，在汇报演讲时，也要按照总分总逻辑、金字塔逻辑、问题逻辑来讲解这张全景图。

案例5-3-5：讲解采购流程全景图

各位领导，这是我们采购部明年规划的全景图，由需求分析、供应商选择、合同签订、采购订单下达、收货验收和付款等关键环节组成。我们用红黄绿三种颜色表示了各项工作的轻重缓急。红色表示这个环节目前还比较薄弱，是明年重点改进的领域；黄色表示这个环节目前还不错，但是需要更加精细化；绿色表示这个环节不是明年的改进重点，按照目前方式继续进行就可以满足要求。

下面，我重点汇报标注为红色的三项工作……（具体内容略）

综上所述，这三项标注为红色的工作，就是我们明年的重点项目。经过改进，相信采购工作会更上一个台阶。

6.年度汇报要有高质量的故事或案例。

曾经有不少朋友问："组织者限定的年度汇报时间为30分钟，但是我讲了15分钟，就没词儿了，怎么办？"也有人问："怎样做一个富有个人魅力的汇报者，从而避免年度汇报过于枯燥？"

学会讲故事、讲案例，无疑是解决上面两个问题的好办法之一。在我们的汇报中，如果理论性、概念性内容偏多，比较枯燥，或者某些受众对汇报内容缺乏专业度，这时，都可以通过故事或案例来增强内容的丰富性和展示形式的多样化。理论、观点、数据、事实、故事、案例等，这些要素按照一定的逻辑关系组织在一起，共同为受众构建和呈现出既有理性又有感性、既有共性又有个性、既有抽象又有具象的全景。

在年度汇报时讲故事和案例，需要注意以下三点：

（1）讲故事和案例，要有鲜明的观点，并且用总分总的方式明确表达出来。年度汇报，和培训、引导、启发他人思考的场景不同，要明示观点而不是暗示，要让受众尽快获取信息、理解观点。

（2）讲故事和案例，要有恰当的逻辑结构。前文提到过"故事全景"和"故事逻辑"的概念，介绍过两种结构：一种是STAR法，一种是"引子—初始事件—上升行动—高潮—下降行动—结局"。基于这些逻辑结构，我们可以根据主题或观点，将故事或案例的具体内容进行适当裁剪和重组，从而更简洁、高效地匹配主题、支撑观点。

（3）讲故事和案例，要有适度的画面感。例如可以从视觉、听觉、嗅觉、味觉、触觉、感觉等多角度进行描述。前面提到的朱自清的散文

《春》就是很好的示例。但同时也要注意适可而止，因为年度汇报毕竟是正式的商务场合，不是文艺创作，要在理性与感性之间予以平衡，不要过于艺术加工和夸张渲染。

7.遵循全景思考原则、全景呈现原则和逻辑应用智慧等。

年度汇报是综合应用全景思维基础逻辑、全景思考原则、全景呈现原则、逻辑应用智慧等各项内容的重点场景之一，要按照上述逻辑规则和基本操作原则进行思考和呈现。关于这些内容，可以阅读本书相关章节。

以上就是提高年度汇报质量的七个方法。在工作中，向受众呈现高质量全景的关键时刻，绝非只有年度汇报这一种场景。实际上，自我介绍、日常沟通、日常汇报、即兴发言、绩效沟通、竞聘述职、就职演说、项目汇报、问题分析解决汇报等，都可以被视为呈现高质量全景的关键时刻。

只有心怀敬畏，把每一次人际链接都视为关键时刻，并在思想底蕴、逻辑结构、呈现技巧等方面刻意练习、千锤百炼与融会贯通，我们才能逐渐修炼成为既有逻辑定力又有逻辑智慧的全景思考者和全景呈现者。

本节内容要点

1.每一次表达和呈现，都是一个"关键时刻"，受众通过和我们一次又一次地链接，最终对我们形成完整的形象认知。

2.年度汇报是职场大阅兵，是向群体受众呈现高质量全景的关键时刻。

3.年度汇报的全景框架：开篇总结或概述、重点工作成果、主要挑战或问题、解决方法和结果、个人或团队成长、下一年的目标和行动计划、对公司的建议、总结或结束语。

4.高质量年度汇报的七个方法：

（1）选择一种合适的载体来构建和呈现年度汇报的全景。

（2）用总分总逻辑、金字塔逻辑和图示逻辑作为年度汇报的基础逻辑。

（3）用标题体系构建和呈现结论全景或观点全景。

（4）年度汇报要有恰当的逻辑重点。

（5）年度汇报要有高质量的全景图。

（6）年度汇报要有高质量的故事或案例。

（7）遵循全景思考原则、全景呈现原则和逻辑应用智慧等。

5.提前准备PPT或最核心的几页全景图，可以帮助汇报者提炼观点、整理思路。

6.汇报者必须把核心观点、关键内容、全景框架等熟记于心，灵活应对现场变化。

7.基于基础逻辑，汇报者可以叠加应用其他合适的逻辑。

8.把主题或核心观点融入标题，就是标题的力量和标题的智慧。

9.讲成绩、讲问题、讲规划、讲风险，各有逻辑重点。

10.至少有一张高质量全景图。

11.按照全景思维讲解全景图。

12.理论、观点、数据、事实、故事、案例等，共同为受众构建和呈现出既理性又感性、既有共性又有个性、既抽象又具象的全景。

13.讲故事和案例，要有鲜明的观点、恰当的逻辑结构、适度的画面感。

14.年度汇报要在理性与感性之间予以平衡，不要过于艺术加工和夸张渲染。

15.年度汇报是综合应用全景思维各项内容的重点场景之一，是向受众呈现高质量全景的关键时刻之一。

16.在思想底蕴、逻辑结构、呈现技巧等方面刻意练习、千锤百炼与融会贯通，才能逐渐修炼成为既有逻辑定力又有逻辑智慧的全景思考者和全景呈现者。

后　记

从全景回归本质

亲爱的读者，感谢你选择将宝贵的时间用于阅读本书。如果你能从中获得一些实用性的启发，这便是本书的价值所在。

相信此刻，你已经能感受到全景思维的魅力，并且理解了我在前言中写下的这句话："既然主题定位于'全景思维'，你也可以把本书看作全景思维的一个实际应用案例——从书名、目录、前言、全书全景图、每章全景图、每章前言、每节具体内容、每节内容要点总结、后记等各个部分全面践行了全景思维。"

在多年的生活和工作实践中，我越来越感受到，思维方式是决定我们工作质量乃至人生质量的重要因素。我们经常感到焦虑、痛苦，是因为对繁杂的现象和事物"剪不断，理还乱"，既求而不得，又放之不下，看不透本质，抓不住重点，认不清内心的选择。因此，我写作本书的初衷，除了向读者分享一种实用的思维工具之外，更重要的是，希望把我对全景思维的思考和感悟系统地整理出来，为常常陷入思考困境、逻辑困境的人们提供一点方向。

尽管本书内容主要聚焦于全景思维的法和术，但我更倾向于认为：全景思维是通往深邃思想和真实内心的桥梁。通过这个桥梁，我们可以用全景视角来审视客观的世界和内心的向往，从而真正地回归事物与自我的本质。

这个观点，我将和所有读者一起，用余生去体验、去感悟。